贝克知识丛书

DIE KREUZZÜGE

十字军东征

Peter Thorau

[德] 彼得·托劳 著

张 巍 译

上海三联书店

1095 年 11 月 27 日，当教皇乌尔班二世在克勒芒大公会议上，号召全体基督教骑士到东方进行一场讨伐时，他并没有预料到此举会拉开一场规模浩大的运动的序幕。而这一运动，对之后两百年间的欧洲和中东的历史发展产生了深远的影响。那时，在东西方之间、伊斯兰教和基督教之间撕开的裂痕，时至今日仍对双方的关系产生着负面的影响。本书着眼于欧洲中世纪史和近东、中东史上的这一最引人瞩目且影响深远的时代，将它的历史前提、背景因素、发展进程及后世影响，以生动的、概览的形式加以呈现。

彼得·托劳执教于德国萨尔州立大学中世纪史系。

他旁征博引，引用了基督徒和穆斯林双方大量的史料，对十字军自东征起至中世纪晚期，伊斯兰教和基督教的相遇、对抗，以及第一次世界大战前的近东史进行阐述。彼得·托劳通过 C.H. 贝克出版社付梓的作品还有《阿拉伯的劳伦斯》(*Lawrence von Arabien*)（2010），可供读者选读。

目　录

让我们欢呼，让我们高唱

那胜利之歌一遍又一遍，

让我们欢畅地赞颂

吾王英武之盛名，

今日他重将大卫之城

救于异教之手！[①]

① 德文译者卡尔·菲舍尔，1976年。

序　幕

　　"星期五，我们在破晓时分从四面八方对城市发起进攻，但我们却无法对它造成任何破坏，对此我们都深感惊诧并陷入巨大的恐慌之中。但是，当我们的主耶稣基督没有嫌弃为我们在十字架上受难的时刻[①]来临时，我们骑士，确切地说，是戈弗雷公爵和他的弟弟尤斯塔西乌斯伯爵，以更加猛烈的攻势在攻城塔上发起了进攻。这之后，我们的一位名叫雷透尔德的骑士，成功地攻上了城墙。顷刻间，所有的城市守军沿着城墙或穿过城门逃跑。而我方则立即追击，将他们击杀并大卸八块，如此追击直至所罗门圣殿。在那里发

----

　　① 耶稣被钉死的时刻，即（星期五）下午 3 点。——译者注

生了如此的大屠杀，以至敌人的鲜血没至我方士兵的脚踝。

"在此期间，雷蒙德伯爵带领他的部队和攻城塔，从南边靠近了城墙，但在攻城塔和城墙之间有一条很深的护城沟壑。我们的人就商议如何填平这道沟壑。商议之后，他们发布公告：能往沟中抬入三块石头的人，可以得到1迪纳尔银币①。仅填满这条沟就耗时三天三夜。这之后，他们终于将攻城塔推至紧靠城墙的位置。但令人惊异的是城里那些人用火和石块攻击我们。不过，当伯爵得知法兰克人已经攻入城中时，就对他的人说：'你们还犹疑什么呢？看哪，所有的法兰克人都已经在城中了！'

"坐镇大卫塔的埃米尔因而对伯爵缴械投降，并为他打开了城门，而从前朝圣者们在这座城门前必须缴纳税费。不过，我们的朝圣者进入城中，就开始追杀这些撒拉逊人，追至所罗门圣殿前。撒拉逊人在那里聚集起来，与我军展开了一天的恶战，以至于他们的鲜血流遍了整座圣殿。我们的人最终击败了这些异教徒，在圣殿中抓了很多男人和女人，然后依他们自己的意愿决定

---

① 1迪纳尔银币在12世纪时重约1.1~1.6g。在约公元1000年时，1迪纳尔银币能买20只鸡。——译者注

2

是留是杀。在所罗门圣殿的屋顶上，也聚集了大量的异教徒男女。坦克雷德和加斯东·德·贝尔特将他们的战旗送上。这之后，他们就掠遍全城，把金银、骡马和整座房子及全部财产占为己有。但在这之后，我们所有的人都欢呼着、喜极而泣着来到我们的救世主耶稣的墓前祷告，在他面前履行自己原本的'朝圣'义务。第二天清晨，我们的人小心翼翼地登上圣殿的屋顶，突袭了那些撒拉逊男女，用明晃晃的宝剑将他们斩杀；另一些人则自己从屋顶上跳了下去。坦克雷德看到这个场景，变得极为愤怒。

"然后我们的人做出决定，每个人都应该周济穷人，并祈求上帝挑选出那个能领导众人并执掌此城的人。此外，他们还下令将所有撒拉逊人的尸首移出城，因为它们发出了恶臭味，而且整座城市中都充满了尸体。那些活着的撒拉逊人将死去的拖至城门前，用尸体堆出了若干座如房子一般高的尸山。对异教徒如此规模地杀戮，是人们前所未闻的，他们的尸首被堆成焚尸垛，像干草堆一样，或许只有上帝知道这些尸体的具体数量。"

以上是一个目击者描述的1099年7月15日攻占耶

路撒冷的情形，出自无名作者的《法兰克人的功业》^①

（*Anonymi Gesta Francorum*），c. 38,4–c. 39,1。

---

　　① 全称为《法兰克人和其他去往耶路撒冷的人的功业》(拉丁语全称为 Gesta Francorum et aliorum hierosolimitanorum)，它记录了十字军第一次东征（1095—1099）的历史，是关于这次东征最重要、最吸引人的一份历史资料。此书的作者不详，据推测是塔兰托的博希蒙德的一位追随者。——译者注

第一章
十字军东征前夕的伊斯兰世界

这些来自欧洲的外来征服者，最初还在拜占庭帝国的军事和后勤支援下，胜利地横扫了安纳托利亚①。之后，他们或沿着巴勒斯坦的海岸，或穿越腹地，挺进耶路撒冷。在将近 6 周的围城之后，于 1099 年 7 月 15 日这天，以一场令人难以想象的血腥杀戮攻占了这座城市。不过，这些信奉基督教的欧洲人以武力征服的地区，在过去的四个多世纪里，早已带有阿拉伯—伊斯兰文化和宗教的深刻烙印。

阿拉伯的扩张，以及随之而来的伊斯兰教在 8 世纪至 9 世纪的传播，是人类史上一个意义重大的时期。在

———————

① 即小亚细亚。——译者注

1

短短几十年中，阿拉伯军队一举攻占了近东、北非、西班牙、西西里岛和中亚的许多地区。这些征服行动不仅从根本上改变了当时世界的政治版图，还由于它们所带来的文化转换过程，时至今日仍对世界产生着持续深远的影响。

当时，阿拉伯人最重要的对手是曾经显赫一时的统治着两河流域和伊朗的萨珊王朝、东罗马（或称拜占庭）帝国。在卡迪西亚战役①（636年）和尼哈文德战役②（641年）中，前者在阿拉伯人的强大攻势下土崩瓦解；而拜占庭方面的情况则有所不同，尽管阿拉伯的海军和陆军对拜占庭的首都君士坦丁堡进行了三次围城战（674—678年、717年和782年），拜占庭帝国还是抵御住了阿拉伯人的攻势。不过，拜占庭帝国还是没能幸免。7世纪的30年代和40年代初，它丢掉了东部省份叙利亚和巴勒斯坦，以及它长久以来的重要粮仓——埃及。

长久以来，在毗邻萨珊王朝的边界地区中，那些半自治的阿拉伯地方首领和贝都因人对拜占庭人不时进行偷袭，而拜占庭人对此也已习以为常了。所以他们最初或许低估了这个即将到来的危机，向东方派遣规模较

----

① 卡迪西亚位于今伊拉克的中部。——译者注
② 尼哈文德位于今伊朗西部的哈马丹省。——译者注

大且有战斗力的军队的时机太晚了。634年7月，他们在埃知那戴因①惨败。635年9月，被拜占庭卫戍部队抛弃的大马士革②投降。在此之后，由皇帝希拉克略派赴战场的军队无法再力挽狂澜。636年8月，他们在耶尔穆克河③遭到毁灭性的打击。636年底，哈马④、霍姆斯⑤和阿勒颇⑥被攻占；637年，安条克⑦不战而降；638年，耶路撒冷投降；640年，此前有海上支援的凯撒莱亚⑧也落入阿拉伯人手中。

---

① 埃知那戴因位于巴勒斯坦。——译者注

② 大马士革是今叙利亚的首都，位于该国的西南部，其名意为"一个水源充足的地方"。——译者注

③ 耶尔穆克河是约旦河的一条支流，它接近约旦河的一部分是今叙利亚和约旦的边境。——译者注

④ 哈马位于今叙利亚的西部，为该国第五大城市。——译者注

⑤ 霍姆斯位于今叙利亚的西部，为该国第三大城市。——译者注

⑥ 阿勒颇位于今叙利亚的西北角，为该国第一大城市。——译者注

⑦ 安条克是一座古老的城市，其遗址位于今土耳其南部的安塔基亚城中。安条克在古罗马时期曾是与亚历山大港、君士坦丁堡并称的地中海东部较为重要的城市之一。——译者注

⑧ 凯撒莱亚是古罗马人建立的一座滨地中海的港口城市，其遗址位于今以色列西北侧。——译者注

然而，对于如何解释阿拉伯人得以快速且不可逆转地征服叙利亚和巴勒斯坦的问题——这样的情况同样适用于 639 年至 642 年间被阿拉伯人攻占的埃及，不应只考虑军事范畴内的因素，如阿拉伯人有更大的动力和高昂的士气，而拜占庭雇佣军行动迟钝且无动于衷。对此起到同等重要作用的因素还有：一方面，拜占庭帝国官僚制度对地方百姓在财政和经济上的压迫；另一方面，拜占庭教会、基督一性学说的支持者与其他东方基督教异端教派之间在宗教教条上的分歧。而阿拉伯人对那些长久以来被拜占庭政府疏远了的叙利亚和埃及的居民，只做出了政治上归属的要求，所以在一些地方，他们甚至被当作解放者来看待。阿拉伯人尤其没有强制要求的是，让这些居民信仰伊斯兰教，而这种信仰在起初对人们来说并不是特别陌生的，甚至可能仅被看作基督教信仰的又一不同流派而已。尽管依照阿拉伯传统，他们的这种信仰是由先知穆罕默德昭示世人的。

　　相反，征服者们保证，如果支付一种通过合同协定的人头税，基督徒和犹太人就能作为受保护的成员享有完全的宗教自由。虽然这些土地的新主人还不具备很强的行政管理能力，他们保留了以希腊语作为官方语言的旧时拜占庭的行政结构，自己则仅作为军事和宗教的上层阶级来掌控这些领地，征收低于前拜占庭水平的税金。处于这个不断扩张且建立在征服之上的帝国顶端的，是作为整个伊斯兰共同休（乌玛）的政治和宗教领袖的哈里发，他们将自己视为真主的"代理人"（ḫalifat Allāh）。不久后，又加入"信徒的领袖"（amīr al-muʾminīn）这一称谓。

早期伊斯兰历史上的一个重要转折点出现在第五任哈里发穆阿维叶（661—680）统治时期。自 639 年起就担任叙利亚总督的他，在与他有亲属关系的哈里发奥斯曼（656 年）遇刺后，拒绝效忠继任者阿里，而这位阿里是先知穆罕默德的堂弟、女婿。穆阿维叶在叙利亚省的支持下，在由此引发的内战中成功地捍卫了自己的地位。而 661 年阿里的遇刺，虽然使穆阿维叶赢得了人们的普遍认可，但终究导致了伊斯兰共同体分裂为逊尼派和什叶派两个派别。什叶派（由"阿里派"派生出来）只承认穆罕默德或阿里的直接血缘关系；而逊尼派则接受篡位者穆阿维叶和他的继任者为领袖，因为按照他们的观点，大众的认可就足以使领袖合法化了。逊尼派这一名称派生自阿拉伯语 sunna（即规定、习俗），并且援引穆罕默德本人做榜样。对于信徒们来说，这一榜样从过去到现在依然被视为除《古兰经》之外的行事准则。

作为阿拉伯帝国的哈里发和倭马亚王朝（至 750 年）的创建者，穆阿维叶定都于大马士革。此前一直是边缘省份的叙利亚由此成了阿拉伯帝国的中心地带，而大马士革则成了伊斯兰世界的中心。作为精明的筹划者，穆阿维叶改革了叙利亚和其他各省的行政管理制度，并建起一支强大的陆军和一支在很长时间内为阿拉伯的海上霸权奠定基础的海军。在穆阿维叶和他那些以热心艺术建设形象而著称的继任者们的任期内，耶路撒冷的圆顶清真寺和阿克萨清真寺、大马士革的倭马亚大清真寺，以及那些毫不逊色于前者的沙漠城堡被建造出来。而对帝国内各原住族群的伊斯兰化和阿拉伯化，以及他们与征服者之间的相互融合，也在不断推进，特别是在叙利亚、埃及和现今的伊拉克。在行政管理部门，众多基督徒从重要的职位上被撤下，由在此期间接受了培训的穆斯林所代替。阿拉伯语这时也取代了此前普遍使用的希腊语或巴列维语，成了官方语言。

在倭马亚王朝的哈里发时代，阿拉伯部落仍是穆斯林军队的基本组成部分，但由于此时战线被拉得太长，所以外国的，甚至那些还没有伊斯兰化的部族成员，也被征作后备军。受拜占庭帝国和波斯帝国的影响，穆斯林军队采用了一种由五个打击方阵——左翼、右翼、中心、先锋和后卫——组成的分级排列的战斗部署方式。攻城器械也是如此,如重型投石机、扭力弹射机、攻城槌和攻城塔亦被采用。当时最主要的武器是标枪和剑,这种剑有着长且直的单刃或双刃,几乎呈圆形的剑尖,所以只能当作劈杀武器来使用。而那种在欧洲人眼中被视为穆斯林的代表性兵器——弯刀,13 世纪才在中东出现,到 14、15 世纪才得到广泛应用。就护具而言,当时的穆斯林军人穿戴由皮革或毛毡缝合成的甲胄,偶尔也穿简单的锁子甲或板甲。除此之外,再加上一面皮制或木制的圆形盾牌。当时的士兵不仅有从战利品中得来的酬劳,还有陆军机构发放的军饷。

随着阿拔斯王朝(750—1258)接管政权,阿拉伯帝国的重心移至伊拉克。762 年建城的巴格达,则作为阿拉伯帝国的新首都,成为古代世界最大、最灿烂的都市之一,并成为灿烂的伊斯兰世界精神生活的中心。

这时,文化投入的价值体现了出来。这些阿拉伯的征服者并不像西方的日耳曼人、诺曼人和匈人那样,突然从沙漠中崛起,并作为制造恐惧和惊骇的野蛮人,把古希腊罗马时期的物质文明和精神文明摧毁成齑粉。相反地,这些阿拉伯的征服者既没有侵犯那些被他们占领的区域内的原住居民，也没有破坏那些深受古希腊文明影响的近东古老的城市文明，而是给它们带来了向前发展的新动力。他们的这种行事方式和宗教上的宽容，得到了旧统治下社会精英们的普遍认可，因而这些精英常常是欣然地接受了伊斯兰教，并使自身阿拉伯化。与西方不同，在近东产生了一种建立在广泛基础上的城市世俗文化，这种文化对人们的精神和物质生活产生了长久的影响。

古希腊罗马时期的精神遗产，通过被翻译成阿拉伯语为同时代的阿拉伯人所了解，并且还有很多为后世保留了下来，印度—波斯文明中的很多思想和知识也是如此。在尚无社会和宗教教条约束的情况下，沿用至今的阿拉伯—伊斯兰文化的神学、哲学和法律思想体系被建立起来。当时，人们对人文科学和自然科学——如历史、地理、数学、天文学、化学和医学——进行了理论和实践上的深入研究，并取得了显著的成果。当时借助良好的通信系统，新的研究成果不仅仅停留在地方，而且传遍整个伊斯兰世界。由一流的水路、陆路交通网所连接的伊斯兰世界，呈现出一个如此巨大的、封闭的文化区域。

这时，各类艺术也在各地蓬勃发展，无论是文学、诗歌，还是建筑方面，都是如此。宏伟的清真寺、花园和宫殿都被建造起来。学校、大型图书馆、公共浴场以及城市中教学医院的建立，都基于大众的福利和教育。经济和商业在跨地区范围内繁荣发展，而银行和金融业促进了这些发展，并为远程的非现金商品往来提供了可能性。纺织品、玻璃、陶瓷以及金属加工制品，已达到了极高的水平。在农业方面，尽管当时东方的农民也同样使用简单的工具，但是他们借助数百年积累下来的人工灌溉系统方面的经验和知识，已经能够获得盈余，而这些盈余——如甘蔗，则可供出口。

中世纪时伊斯兰世界尽管在科学和文化上有着不容置疑的优越性，也没能改变阿拔斯哈里发国权力的逐渐削弱，以及地方性的政权中心和王朝逐渐形成的事实。若将伊斯兰世界的文化和社会经济发展当作一个整体来看待，对科尔多瓦、开罗和其他这样的新兴大都市而言，这种趋势仍有很大的益处。然而，无可争辩的是，伊斯兰世界内部的政权结构——尤其是受9世纪不断增加的地方分权的影响——也发生了变化。早在756年，伊比利亚半岛就在倭马亚酋长国（后来的哈里发国）统治时期独立了。同样，埃及也在经历了那些已经独立于巴格达行事的突伦王朝（868—905）和伊赫昔迪王朝（939—969）总督统治的小插曲之后，建立了与阿拔斯王朝敌对的什叶派法蒂玛王朝。此外，在叙利亚、伊朗和中亚地区也出现了实质上的独立王朝。这些统治者——除西班牙和什叶派埃及之外——对在巴格达的逊尼派哈里发的需求，仅局限在把他当成所需统治合法性的授予者这一层面上。

早在阿拔斯王朝初期，军事制度就由哈里发穆阿台绥姆（833—842年在位）进行了一次重要的革新，这一革新也被证明对整个中东历史有着深远的影响。当阿拔斯王朝横扫倭马亚哈里发国时，他们依靠的主要是来自大呼罗珊①的雇佣兵，这些士兵在百年间不但成了精锐部队的组成部分，还成为哈里发的贴身侍卫。由此一来，尽管外来的职业战士有时也会展现出自负和不顺从，以及转变立场的危险，他们还是取代了那些日益不受重用的、业余的且纪律涣散的阿拉伯部落的士兵。因此，穆阿台绥姆决定，今后其权力将依靠于一支由奴隶组成完全忠实且从属于他的禁卫军。对此，最合适的是那些来自俄罗斯南部大草原和中亚的、战斗力极强的突厥游

---

① 大呼罗珊是中亚历史上的一个地区，大致包括今伊朗东北部、阿富汗大部，以及土库曼斯坦、塔吉克斯坦、乌兹别克斯坦和吉尔吉斯斯坦的部分地区。——译者注

牧民，他们有耐力、勇猛、纪律性强，有高超的骑射能力，因此堪当此任。那些在童子时期就被买入的、有可塑性的战争奴隶，被称为马穆鲁克（阿拉伯语 mamlūk，意为属于自己的、个人所有的），他们被培养成穆斯林，并接受全面的军事训练，与那些社会上普通的、不受法律保护的奴隶完全不同。穆阿台绥姆的方式很快就被效仿。从 9 世纪中叶起，突厥战争奴隶成了伊斯兰军队中越来越重要的组成部分。作为一种"禁卫军"，他们证明了自身在政治上的重要性，但还没有成为独立起决定性作用的军事元素。除他们外，当时还存在着一些自由的军队联合体，尤其是那些来自里海附近的波斯山区的戴拉米特人，这些人成了阿拔斯王朝优秀的步兵部队的重要组成部分。

总之，阿拔斯王朝时期军事系统在东方得到了全面的发展。武器、头盔和铠甲都变得更加厚重，长矛像在欧洲一样开始被用作骑兵的武器——如前面已经提到的，突厥骑射队成了军队常设且有效的组成部分。除此之外，这时还使用了希腊火器。这是一种从拜占庭人那里学来的、令人闻风丧胆的"神奇武器"，它由沥青、硫黄和油这样的高度易燃材料制成。技术性的军事设备也得到了进一步发展。然而，诈逃这种自古便常被人使用的战争诡计——使敌军的队形因盲目的追击而解体，从而变得易于打击——依旧是战术的一个重要组成部分，尤其被用于对付像拜占庭人或后来的十字军这样全副武装且身着重甲的敌人。

当拜占庭帝国再次以一个有威胁的对手的形象出现时，军事创新也就有必要了。在穆斯林第一轮大规模突进之后，拜占庭帝国损失了大量领土，陷入了守势，而伊斯兰世界中的内战又为帝国提供了一个喘息的机会。后来，阿拔斯王朝权势的逐渐衰落，以及在这一王朝中开始的阿拉伯帝国权力的分散化，对拜占庭帝国来说又是进一步减负。拜占庭帝国在经历了一个内部整顿，以及在巴尔干地区取得军事成功这一阶段后，10世纪下半叶，它又具有了在帝国东部变被动为主动的能力。皇帝君士坦丁七世·波菲罗格尼图斯（945—959年在位）在位时，已经将安纳托利亚东部和美索不达米亚北部的重要城市，如梅利特那[①]（今马拉蒂亚）、尼西比斯[②]（今努赛宾）和埃德萨[③]（今乌尔法）从穆斯林手中夺回。

---

① 梅利特那是今土耳其东部的内陆城市。——译者注
② 尼西比斯今属土耳其，位于今土耳其与叙利亚交界处。——译者注
③ 埃德萨位于今土耳其南部，临近叙利亚边境。全称为尚勒乌尔法，一般简称为乌尔法。——译者注

961 年，拜占庭帝国的将军、后来的皇帝尼基弗鲁斯二世·福卡斯（963—969 年在位）甚至将阿拉伯人赶出了克里特岛。在他登上皇位之后，夺回了塞浦路斯；继而在 969 年，夺回了叙利亚的重要中心城市安条克（今安塔基亚）；之后不久，又攻下了阿勒颇。刺杀他的凶手、继任者约翰一世·齐米斯西斯（969—976 年在位）则进一步挺进叙利亚，暂时夺回了霍姆斯和大马士革。

尽管这些征服大多没能持续多久，它们却使伊斯兰世界赫然意识到，拜占庭帝国一如既往是东方强大且必须严肃对待的基督徒对手，穆斯林们与他们已经进行了历时三个世纪、互有输赢的战争。由于这些战争的主要目的是赢得领土，在很大程度上并无宗教思想上的背景，所以它们的残暴程度没有超出一般战时会发生的状况。那种血腥残忍、上升到伊斯兰教和基督教之间宗教冲突高度上的特征，对当时的人们来说还是陌生的。后来那些由宗教狂热分子鼓动的十字军展现出的兽性所引发的相应暴行，在这时也还没有出现。而且，也从没听过在伊斯兰的辖地发生过为报复拜占庭帝国的进攻而侵犯基督徒的行为。那个摧毁耶路撒冷圣墓（1009 年）和迫害基督徒的命令，是由法蒂玛王朝那位精神失常的哈里发哈基姆（996—1021 年在位）发出的。因此，它们更应该被视为个人行为，而非普遍仇视基督教的结果。

不过，拜占庭帝国在10、11世纪的进攻态势，对中东史而言，不过是帝国与阿拉伯，或说成伊斯兰邻国之间在三百年间争斗的一个小插曲。意义更为重大的，则是前面已经暗示的伊斯兰军队潜滋暗长的突厥化。不过，这个趋势也只是一个历史进程——突厥部落的西进——的先兆，这一进程将像7、8世纪间的阿拉伯的扩张一样，为伊斯兰世界打上深刻的烙印，并对世界历史产生重大的影响。

对于突厥（türk）这个词汇的起源和意义，在学界并不是没有争议的。但可以确定的是，在10、11世纪交替时，那些逐水草而居的游牧部族中的喀喇汗人和乌古斯人，已经把它用作对自己的称谓了。属于西突厥语部族的乌古斯人，在10世纪时主要居住在咸海北侧的哈萨克草原，他们的冬季牧场位于贾肯特城①附近。

约在970年，一个名叫塞尔丘克、出身于克纳克部落的乌古斯头目，举家皈依了伊斯兰教的逊尼派，这一教派在河中地区②扎根已有一段时间了。在有着高度文

---

① 贾肯特古城的遗址位于今哈萨克斯坦西南部，锡尔河的左岸。——译者注

② 河中地区（Transoxanien），指中亚锡尔河和阿姆河以

明的伊朗萨曼王朝于 999 年不敌喀喇汗国时，河中地区就出现了"权力真空"。这使得塞尔丘克的后裔，也就是塞尔柱人，在接下来的几十年里作为他们游牧民族的先锋，一直推进至大呼罗珊地区，而这批游牧骑兵在这时的阿拉伯文文献中，开始被称作突厥人（turkmān）。1040 年，塞尔柱人毁灭性地打击了中亚强国伽色尼王国。塞尔丘克的侄子图赫里勒·贝格·穆罕默德（1063年逝世）率领他的战士们继续向西，征服了内沙布尔[①]、哈马丹[②]和伊斯法罕[③]这三座城市及周边地区，甚至在阿塞拜疆和亚美尼亚也有零星的突厥骑兵队出现。图赫里勒·贝格的这些行为严重动摇了伊朗西部白益王朝[④]的权力结构，而这一王朝自 945 年就控制着伊拉克，并对巴格达的阿拔斯王朝的哈里发们行使着一种形式上的宗主权。带着对亲伊斯兰什叶派的白益王朝的专制控制的厌倦，哈里发卡伊姆（1031—1075 年在位）察觉到

及泽拉夫尚河流域，包括今乌兹别克斯坦全境和哈萨克斯坦西南部。——译者注

① 内沙布尔位于今伊朗的东北部。——译者注

② 哈马丹位于今伊朗的西北部。——译者注

③ 伊斯法罕位于今伊朗的中西部。——译者注

④ 白益王朝是 945 至 1055 年间统治今伊朗西部、伊拉克以及叙利亚和土耳其部分地区的一个什叶派王朝。——译者注

了大势之所趋，向图赫里勒求助。1055 年，塞尔柱人在没有流血的情况下进入了巴格达并驱逐了白益王朝的成员。事实上，这位哈里发也只是更换了一位监控者而已。作为酬谢，卡伊姆任命图赫里勒·贝格为世俗统治者，并授予他苏丹的称号。但至少从理论上讲，这位哈里发仍为大多数穆斯林的领袖的事实，借此得到了保证。

突厥人也像当年的阿拉伯人一样，在他们向中东推进的过程中，很少以文化破坏者的形象出现。作为热心艺术建设的图赫里勒·贝格，投入了大量资源用来装饰伊斯法罕，这座城市被提升为他所创建的大塞尔柱帝国的首都。图赫里勒的继任者、苏丹阿尔普·阿尔斯兰（1063—1072 年在位）和马立克沙（1072—1092 年在位）巩固了帝国的政权。在后者的任期内，这一帝国东起中国边境，横贯伊朗和伊拉克，西至叙利亚，并且其疆土涵盖了那些在几十年前再次从拜占庭人手中夺回的地区。马立克沙和他天才般的总理大臣尼扎姆·穆尔克还促进并资助了帝国各地的科学、艺术事业，恢复了古老大都市巴格达昔日的繁荣。

苏丹阿尔普·阿尔斯兰还领导了一系列针对格鲁吉亚和亚美尼亚这两个基督教王国的战役，特别是针对拜占庭帝国的。这三个国家自 11 世纪 40 年代起，一再成为寻找战利品和领土的突厥人联合体攻击的目标，它们击退了较大规模的入侵。但在 1068 年，阿尔普·阿尔斯兰对拜占庭帝国展开了更为强势的进攻。不过，对于他是否有意让苏丹像一些土耳其历史学家猜测的那样，以此为契机有计划地征服安纳托利亚并使之伊斯兰化而铺平道路，似乎还待探讨。但至少在 1071 年 8 月，阿尔普·阿尔斯兰在凡湖北侧，距离拜占庭帝国边境不远处的曼济科特要塞（今马拉兹吉尔特）[1]，击败了拜占庭帝国皇帝罗曼努斯四世·第欧根尼[2]。

曼济科特战役虽然使拜占庭帝国的内政和经济陷入了严重的危机，并由此持续地削弱了帝国的势力，但它并不像通常人们所认为的那样是一场为帝国带来不可逆转后果的军事灾难。同样值得探讨的是，是否真是这场战役使拜占庭帝国的军事力量发生了不可避免的瓦解，并由此为突厥人全面占领安纳托利亚敞开了大门 [如埃克哈德·艾克霍夫（Ekkehard Eickhoff）和其他一些学

---

[1] 曼济科特位于今土耳其东部，距凡湖 50 公里处。——译者注

[2] 罗曼努斯四世·第欧根尼（1068—1071 年在位），拜占庭皇帝，曾多次领导针对塞尔柱突厥人的军事行动，并收复许多失地。但在曼济科特战役中战败，被阿尔普·阿尔斯兰俘虏，被释放后不久去世。——译者注

者所认为的那样]。抑或者，假使没有这场战役，仅仅基于突厥人在这个居民密度相对小的地区的逐渐渗透，是否也可以完成此种占领。但不可否认的是，由于地处君士坦丁堡的拜占庭政府在军事上的疏忽，加快了这片土地归属于他人的速度；而且正因为此，所谓的鲁姆塞尔柱人 [rūm（鲁姆）是阿拉伯—突厥语中对安纳托利亚的称呼，也就是东罗马人或拜占庭人对罗马尼亚①的称呼] 的统治，就立即以尼西亚②、后来以科尼亚③为都城建立了。

虽然拜占庭帝国的军队在曼济科特一战中只是被击败，没被毁灭，但君士坦丁堡的人们并没有重整旗鼓，做出有力的抵抗。相反地，因为担心会引起新一轮的武装冲突，他们选择了不行动，坐视突厥人继续推进，任凭东部几个省被对手攻陷。随着对安纳托利亚中心地带的放弃，拜占庭帝国不仅失去了有纳税义务的很大一部分农村居民——这导致了金融危机，也失去了为军

---

① 此处的"罗马尼亚"不是指现今的罗马尼亚国（德语 Rumänien），而指东罗马帝国即拜占庭帝国对安纳托利亚的称呼（德语 Romania）。——译者注

② 尼西亚今称伊兹尼克，位于今土耳其西北部，距伊斯坦布尔约 90 公里。——译者注

③ 科尼亚位于今土耳其西南部。——译者注

队征募士兵的一个重要人员储备资源。皇帝阿历克塞一世·科穆宁（1081—1118 年在位）从整体上成功地解决了这场一般意义和经济意义上的国家危机。但依然存在的问题是职业军人的匮乏。这些军人又是帝国在军事力量和对外防御上能够展现出一种积极的外交政策所急需的。在寻找身经百战的雇佣兵时，拜占庭把注意力集中在了帝国西部那些会说拉丁语的高素质骑士身上。这一做法本身并没有什么特别，因为拜占庭一直有雇佣外族人为士兵的传统，这其中也包括来自欧洲的士兵。但不同寻常的是，巴西尔——拜占庭皇帝的称号——向教皇请求军事援助及准许征募合适战士的许可，而教皇本身并没有可供支配的军队。"也许在拜占庭皇帝提出不合常理要求的背后，是基于'教皇或许会成为一位非常有效的联络者……而他可以确保拜占庭的期望尽可能广泛地在西方传播'的考虑"，拉尔夫－约翰内斯·利力（Ralph-Johannes Lilie）如是说。

第二章

从皮亚琴察到克勒芒：
对十字军东征的号召

1095 年 3 月，拜占庭皇帝的使节们出席在皮亚琴察①举行的大公会议②，为了他们的请求能够得到更为广泛的重视，特别强调了这一请求在宗教上的分量。由

---

① 皮亚琴察位于今意大利北部的艾米利亚－罗马涅大省。——译者注

② 大公会议是基督教（主要是天主教）不定期举行的世界性的主教会议，旨在商讨表决重要的教务和教理上的争端。大公会议的拉丁文为 concilium，希腊文为 synode。起初两者意义相同，后来在天主教中，concilium 被用来称呼那些全体主教都出席的大型大公会议；而 synode 则用来称呼那些较为地区性的、主要讨论个别议题的小型大公会议。此处的皮亚琴察大公会议属于 synode 一类的小型大公会议。——译者注

于罗马和君士坦丁堡的两个教会在1054年曾因宗教、教条等问题上的分歧分裂，所以这时看起来，这些东方使节们不仅应许了教皇所关心的教会重新统一之事，还强调了鉴于——被他们机智地用作借口的——来自穆斯林的威胁，西方的支援对东方的基督教是迫切的。由于耶路撒冷在当时神学和人们情感上的意义是显而易见的，所以使节们似乎很精明地把将这座圣城从异教徒的桎梏中解放出来加入到请求中来，虽然他们那位皇帝委托人的初衷仅仅是对抗小亚细亚的那些塞尔柱人。

关于那些聚集在皮亚琴察的高级教士对皇帝阿历克塞一世的军事援助请求做出了何等的反应，我们不得而知。不过，教皇乌尔班二世①（1088—1099年在位）应该对此给予了积极的回应。此时的乌尔班二世身处所谓的叙任权之争②中，与德意志民族神圣罗马帝国皇帝亨

---

① 乌尔班二世，约1042年出生于今法国北部马恩省的拉热里，早年入本笃会，1088至1099年间任教皇，1881年被良十三世封为真福品。在其任前和任内，继续前任教皇额我略七世展开的教会改革运动，在与德皇的叙任权之争中，全力争取教会利益，击败了由德皇扶持的伪教皇克雷芒三世，为教会地位的巩固做出了贡献。——译者注

② 叙任权之争是中世纪时，教会与世俗君主之间冲突的高峰，其争斗的中心是二者中谁掌握教会圣职任命权的问题。一般认为叙任权之争开始于1076年的德国沃尔姆斯王公会议，在此

利四世（1056—1106 年在位）和受扶持的伪教皇克雷芒三世（1084—1100 年在位）发生冲突，他的权威受到质疑，局限在有限的区域内。而此时，东方的皇帝向他，而不是向那位坐在罗马圣座上的竞争对手提出援助请求，对乌尔班而言，是一次相当成功的外交。对于他那不被承认的教皇地位而言，也是一个巨大的提升。有可能实现教会的再次统一，以及一场由他发起的，或者可以说支持的以解放东方基督徒和教会为目的的讨伐，必定能为他作为整个基督教精神领袖的资格带来正面的影响。这场讨伐是长期以来受教会支持的对抗异教徒斗争的延续，并将向东扩展。

　　1095 年夏，乌尔班二世来到法国，他于 8 月 15 日在那里宣布，将于 11 月在奥弗涅省的克勒芒召开一次全体大公会议。从乌尔班二世在这之后在法国南部各地巡游时的许多谈话来看，他应该为此次大公会议做了充分的准备。许多迹象还表明，这些谈话还涉及了东方使节在皮亚琴察提出的支援请求，更确切地说，涉及为计

会议中德意志国王亨利四世与教皇额我略七世公开决裂。争斗以 1122 年的沃尔姆斯宗教协定为结束，此协定和之后的相关训令规定，皇帝不再有权任免主教及私自任命教皇。自此，世俗王权不再拥有对教会的绝对控制权。——译者注

划好的东征组建一支骑士军。

11月18日，大公会议在克勒芒召开，此次会议在世界史上的意义，要归功于从这里发出的对十字军东征的号召。不过，在会议开始时，它与此前的大公会议并无不同。会议完全在额我略教会改革①的精神下，围绕着教会的一般问题，特别是法国问题进行了讨论。以前的许多法律被重新颁布，也有许多新的规定被颁布，譬如反对世俗叙任权、神职人员的婚姻和买卖圣职等问题；讨论还涉及神睦②，它禁止在某些特定的日子里进行武力仇隙争斗，并对某些特定的群体提供特殊的保护。同样得到商讨的还有从教会的角度认为，属通奸范畴的法王腓力一世的行为。由于这位国王不愿意他的私人生活

---

① 额我略教会改革是以教皇额我略七世之名命名的，发生在11、12世纪之间的天主教教会的一系列改革运动。运动主要围绕着反对买卖圣职、神父婚姻、任命平信徒担任圣职等问题进行，其根本目的在于使教会摆脱世俗强权的控制。此次教会改革的发源地是勃艮第的克吕尼修道院，后由教皇额我略七世大力推进，发展成为教权与世俗王权之间的叙任权之争。——译者注

② 神睦（直译为"上帝的和平"）是中世纪时，教会为保护自身和百姓免受终日以打斗和抢劫为业的贵族们的伤害，而与贵族们签订的和平协定。后来发展出在礼拜四至礼拜日以及教会节日内的停战协定（"上帝的停战"）。不遵守神睦的贵族，可能会被教会处以逐出教会的绝罚。——译者注

被干涉，所以最后他不出所料地，同对手教皇克雷芒三世一样，受到了逐出教会的绝罚。

乌尔班二世或许从一开始就对这32项之多的议程条目中的一条给予了特别的重视，不过直到会议的尾声才表现出来。11月27日有公告发出，大公会议将以公开的形式继续进行，而且教皇要发表一次重要的演说。鉴于之后出于好奇而到现场的神职人员和世俗人员数量庞大，集会改在城门外的一片开阔空地上举行。

虽然教皇演说的原文没有流传下来，不过通过当时四份在内容上稍有差异的记录，大致可以将演说的全部内容复原出来。首先，教皇阐释了大公会议的各项决议，并对神职人员应对教会改革给予支持进行了呼吁。随后，便转向了基督教在东方的局势，他以极高的雄辩之才和演说技巧描述了所谓的穆斯林对东方基督徒的压制和残酷迫害。还叙述了安纳托利亚已被突厥人一举攻破，而且他们已经逼近至博斯普鲁斯海峡，损毁了教堂和这片土地。如果没有来自外部迅速而坚决的支援，东方基督教的存在都将受到威胁。同时，他还谴责了在欧洲发生的类似内战的情况，在这里谋杀、过失杀人、随意开枪和拦路抢劫如同家常便饭。所有这些都必须有个终结。骑士们最应该将他们的精力放在取悦上帝上，以上帝的名义去抗击基督教信仰的敌人。强盗最终应蜕变为骑士，为了基督教和永恒的生命将与异教徒战斗，作为对他们所犯罪行的忏悔。作为回报，对于那些在这场正义的战争中失去生命的人，在他们临终时罪过将会得到赦免。

乌尔班二世的演说必定深深打动并吸引了他的听众们，因为他一次又一次地被那句载入史册的"这是上帝的旨意！"（Deus lo vult!）的呼喊声打断。教皇的演说还没结束，勒皮的主教就走上前跪了下来，请求允许他成为第一个参加这次征讨的人。随后，成百上千人都效仿他的做法。作为他们所发誓言的外在标志，教皇让这群人按照圣经中"谁不背起自己的十字架跟随我，不配是我的"（《马太福音》10：38）的意思，在外衣上缝一个织物制成的十字。"十字"军这一概念便由此诞生了。

第二天，乌尔班二世任命勒皮的主教阿德玛尔为教皇使节，即这次计划的精神领袖。约在同一时间——或许在稍晚的时候——法国南部强大的图卢兹的伯爵雷蒙德派出的使者也到达了这里，他们允诺他们的主公将参加这次征讨。几乎可以断定的是，由于教皇几个月前曾在勒皮的主教阿德玛尔那里做客，所以这位主教应当已经知晓乌尔班二世的计划，因而做出了相应的回应。而图卢兹的伯爵也是如此，对于在克勒芒发生的事情，他不可能在如此短的时间内知悉，他的那些使者在教皇发表演说时，必定已经在赶往大公会议举办地的路上了。从所有这些可能性来看，乌尔班二世应该已经与图卢兹的伯爵保持联系有一段时间了。除此之外，还有多少其他可能存在的"喝彩托儿"，做出了行动或事先做好了约定，还不能确定。因此，不管人们是从一种精明的策划，还是在参会者中产生的从众心理出发，仍不能解释由教皇的演说所引发的惊人效果。

第三章
欧洲的局势

　　乌尔班二世的号召之所以能在肥沃的土壤中生根发芽，当时欧洲所具有的许多先决条件起到了决定性的作用。鉴于耶稣宣扬的和平理念，战争对教会而言，是与其本质上相左的，所以教会对战争的态度也不得不经历一次根本性的转变。自古希腊罗马晚期开始，日益兴盛的朝圣活动在基督教世界中唤醒了人们对基督曾经生活、受难的那些神圣场所的宗教价值的感受力。而当时欧洲在社会和经济上的恶劣状况，一定也在广大的社会阶层中激起了人们为找寻更好的生活条件而迁居异乡的意愿。从东方归来的朝圣者和商人们，对他们在那里见到的富足状况的描述，则更加强化了人们的这种决心。

此外，在由 11 世纪时依然活跃的世界末日即将来临的思想所激发的、朴素的民间虔敬思想中认为的在《圣经》事迹发生的土地中央的金城耶路撒冷中流淌着奶与蜜的想法，也起着一定的作用。

可以理解的是，教会对战争的态度是一个棘手的问题。如何能使基督徒在战争中杀人，并与爱好和平的、拒绝任何暴力的耶稣的教导相调和？对于这个问题，《圣经》中并没有明确的答案。一方面，十诫严格规定禁止杀人，并且耶稣也传达出旨在放弃暴力的讯息；另一方面，使徒伯多禄和保禄则完全认同国家暴力，人们还可以援引旧约中关于以色列人甚至是受了上帝之命而进行征战的描述。

对此，神学家们的说法也同样相互矛盾。早期教父们在著作中坚决拒绝使用武器，对于这种学说的代表们来说，战争与基督教的生活方式是水火不容的。但自古希腊罗马晚期起，第一批信仰基督教的士兵开始在罗马军中服役，特别是自基督教成为受国家支持的宗教起，罗马帝国的军队在很大程度上基督化了之后，如何对待战争就成了更加重要且亟待解决的问题。

这一情况的转变应归功于教父奥古斯丁（430 年去世）——虽然这还存疑——他是第一个提出了一种在

神学上可以站得住脚的，并且后来还证明在政治上也是可行的、关于正义和非正义战争的纲领。在不排除个人道德责任的情况下，对他而言，战争在原则上是原罪所带来的不可避免且令人痛心的结果。但是，他将战争区分为正义的和非正义的。正义战争（bellum iustum）的主要目的是实现和平，以使上帝所设立的规则至少开始在人间实现，而和平则要通过人们致力于保持和恢复正义，以及抗争和惩罚非正义来实现。按照奥古斯丁的说法，在对自身的良知进行了深入的审视之后，一个基督徒也可以为实现和平而拿起武器（bellum geritur, ut pax acquiratur 即为了实现和平而进行战争），并以此服务于一样正义的事物（iusta causa），譬如守护或夺回被抢走的东西。而对奥古斯丁而言，最为正义的则是受命于上帝的战争（bellum Deo auctore，意为以上帝为发起人的战争）。

通过这种方式——就像后来得到验证的那样——人们找到了一种可以为战争做出慷慨辩护的理由。相对于罗马帝国中更为文明的、讲希腊语的东方神学家们，对战争依然持消极拒绝态度的帝国西部的人们，通过战争看到的则是向一种更为不和平的态度转变的可能，甚至最终会使教会自身也逐渐军事化的可能。与此同时，拉丁教会也使自身适应了击败了西罗马的野蛮部落的那种好战姿态。对这些部族和由他们所建立的帝国来说，战斗的勇气被认为是最高美德，他们认为在战场上可以赢得最高的荣誉。由此可以看出，他们对战争的态度从一开始就是积极和正面的。

虽然这里所展示的这个相当漫长的发展过程并不完全是直线式的，但它仍为日后的发展奠定了基础。不仅是奥古斯丁，其他教会的圣师也试图通过下面这种方式为战争做出合理的解释，即战争是一种必要的恶行，而保护教会内部和外部不受敌人侵害之事，属于皇帝的职责——如果有必要，也可使用武力。同时，西方教会仍秉持着起初不许杀人的《圣经》中的这条普遍性戒律。但这种做法的结果是：一方面，人们在现实中认可战争的存在，而且按照奥古斯丁的说法，它有时甚至是正义的；另一方面，在一开始人们仍要求在战争中触犯了杀人戒律的人，做出与教会和好的悔罪补赎。

对于这种矛盾的做法，直到9世纪加洛林王朝衰落时，人们才开始寻求一个解释。此时，信仰基督教的欧洲已遭受维京人、匈牙利人和阿拉伯人长达数十年灾难性的袭扰。面对他们的劫掠，平原地区几乎毫无抵抗力，而城市和修道院也因其富庶成了劫掠的热门目标。很明显，对这些劫掠者的防卫属于自卫战，也就是正义的战争。而且，按照教会的措辞，这些入侵者无一例外都是异教徒。这时正义战争的理念就与抵御异教徒联系了起来。这种与抗击异教徒战争联系起来的做法，为后来十字军东征思想的形成提供了根本且重要的前提。而教皇良四世（847—855 年在位）和若望八世（872—882 年在位）对当时所有在这些战争中死去的人应许永恒生命的做法也起到了同样的作用。

因此，在诺曼人和匈牙利人都接受了基督教，并成功地融入西方拉丁世界之后，这两个民族带来的威胁最终得到了控制。对于前者，他们在 911 年被安置在了诺曼底，由此诞生了诺曼底公国，并被纳入法国国王的封地体系之中；至于匈牙利人，则于 955 年在奥格斯堡附近的莱希菲尔德受到重挫，从而使他们停止了在欧洲中部的劫掠活动，定居到了现今的匈牙利。

一个本质上更为重要且持久的问题，则是阿拉伯人的入侵。阿拉伯的扩张运动从 7 世纪开始，不再局限于近东，开始向西方延伸。阿拉伯军队在 642 年或 643 年征服埃及之后，在短短 50 年中就占领了整个北非，直至加那利群岛。由此，基督教世界永远地失去了这片约在一百年前才由皇帝查士丁尼为罗马帝国重新夺回的辽阔疆土。711 年夏，军事统帅塔里克·伊本·齐亚德率领着一支主要由信奉伊斯兰教的柏柏尔人组成的军队，列阵于直布罗陀海峡。同年 7 月 19 日，在赫雷斯德拉弗龙特拉，他们彻底击败了西哥特人。在这次对世界史有着重要意义的战役之后——西哥特人的最后一个国王据说在此役中殒命——西哥特王国土崩瓦解。

在迅速的接连性胜利之后，穆斯林在接下来的几年中几乎征服了整个伊比利亚半岛。与此同时，他们横跨比利牛斯山，一路劫掠，深入法兰克王国境内。由于墨洛温王朝晚期的羸弱，他们几乎没有遇到任何值得一提的抵抗。直到 732 年秋，法兰克王国的宫相查理·马特在图尔和普瓦捷成功地阻截了一支穆斯林军队，才给之以重创。但这场战役的意义在欧洲的历史书中常常被夸大，那些附加的神话其实是后世的产物。它既没有撼动穆斯林在西班牙的实际地位，也没有终结穆斯林的劫掠活动，而那种一定程度上的平衡状态，在查理大帝有力的统治下才建立起来。然而，在查理大帝去世以及加洛林王朝逐渐没落之后，穆斯林的劫掠活动又再次猖獗起来。从马赛到萨沃纳的地中海沿岸地区都受到穆斯林海盗的侵扰，他们甚至推进至瑞士境内。而北非的海盗不但在 846 年袭击了罗马，还在 883 年和 897 年摧毁了古老且具声望的蒙特卡西诺修道院和法尔法修道院。同样在 9 世纪，西西里沦陷。935 年，罗纳河三角洲再次遭到袭击。来自穆斯林的威胁在这时近在眼前，整个西方基督教世界陷入恐慌之中。

要让阿拉伯人融入并皈依基督教，几乎是不可想象的。因为他们自己也从属于一种严格的且高度发达的一神论宗教，并对自身的优势和真实性深信不疑，所以他们完全没有理由去接受基督教。而且他们还因为基督教信仰中的三位一体教义，直接将它划入了多神论宗教的行列。此外，由于当时的伊斯兰文明远远优于西方文明，所以从这方面也无法对阿拉伯人产生诱惑或吸引力，就像当年在诺曼人和匈牙利人身上发生的那样。甚至在军事上，欧洲人也未能给阿拉伯人以致命的打击，或将他们赶出欧洲，以至于在结束对抗异教徒的战争之后，他们就将主要的精力集中到了对抗穆斯林的战争上。

对于欧洲历史的进程而言，远远重要于图尔和普瓦捷战役的是，在 8 世纪 20 年代西班牙人民被组织起来抗击穆斯林。但由此一来，伊比利亚半岛直到格拉纳达在 1492 年被夺回前的超过 700 年的时间里，便成了基督徒和穆斯林之间残酷战争的发生地。对于基督徒来说，这些对抗意味着驱逐穆斯林或收复失地，所以当时的观点普遍认为这些对抗是正义战争的一部分。

虽然西班牙这些对抗异教徒的战争对教皇乌尔班二世的思想起到了一些影响，并最终对十字军东征思想的形成起了重要的作用。但它们仍不像学术界有时所论述成的那样是"十字军东征的前篇"，只是作为附属于全欧洲范围内抗击伊斯兰教入侵的对抗异教徒的战争。只有后来那些在西班牙与穆斯林作战的骑士们，才可以等同于十字军。

教会对战争的立场已经发生了转变，自10世纪末开始，在所谓的神睦运动中体现出来。在法兰克王国势力微弱时期，王国中的权贵在血腥的寻仇行动中相互厮杀，公共秩序荡然无存，国内和平几乎无从谈起。而那些基于封建采邑制度，有义务效忠并依附于君主的有坐骑的附庸们，这时大多是些粗俗的游手好闲之徒，肆无忌惮和劫掠成性是他们的特征，他们和后来从武士阶层逐渐形成的骑士的理想典范有着天渊之别。当时，受害者大多数是那些手无寸铁的平民，他们目睹了自己的田地、村庄和城镇被破坏、焚毁。很大数量上，由于那些自身土地得到更有组织、更尽力的耕种经营而富足的修道院，又再次成为被攻击和劫掠的目标。尽管在很大程度上是为自身利益服务，教会为阻止这种令人忍无可忍的、使国家毁灭殆尽的不良状况继续发展下去而付出的巨大代价，仍不失为一大功绩。和平（pax），或者说重建和平与正义（restauratio pacis et iustitiae），这时开始被教会人员所宣扬。

第一步，主教们尝试就此与那些明智且有责任感的部分贵族进行密谈。而与各地的世俗统治者达成的和平联盟（conventia pacis），都旨在保护教会财产、神职人员和无抵抗能力的平民——也就是说，那些不允许佩带武器的人——的安全。不久之后，教会又加了一条要求，即在教会年历①的某些特定时间内，打斗和寻仇活动完全不再被允许。从这些条目中，发展出了神睦(pax Dei) 的概念。通过它，那些犯罪和寻仇行为不能说是完全被清除掉了，却得到了一定程度的遏制。

与此同时，教会努力在世俗阶层中的宗教、道德方面赢得更大的影响力，以此来促进整个社会的基督化。在种种的尝试均无济于事时，教会自身则按照奥古斯丁"战争打响，以便和平到来"的想法，将军事措施作为

实现目的的手段：教会或以宗教的手段，使为抗击和平破坏者而使用的武力措施合法化，抑或自己召集军队并主动投身到战斗中去。

此外，11世纪末，那场与教皇额我略七世的名字密不可分的教会改革也要被考虑进来。这次改革的目的不再像以往那样，只围绕着保护教会免受凶暴贵族们的侵犯，而是更多地围绕着消除贵族对教会事务的干涉，以及世俗统治者对教会监管的问题。由于这位好争斗的教皇额我略七世，将教会所要求的自由与相对于世俗统治者的教皇的最高优先权联系起来时，就不可避免地引发了所谓的叙任权之争。在与坚决拒绝教皇优先权的德意志罗马皇帝的冲突中——但不仅仅在此冲突中——教皇必然需要寻求盟友。

在这种情况下，教会此前的努力结出了果实。即使在过去遭受巨大压迫时，教会也抵住了诱惑，没有对武士阶层进行笼统的谴责和诅咒。而这一阶层在教会教化的影响下，逐渐向基督化了的骑士阶层转化的趋势越强烈，教会就越能向他们请求援助并希冀得到肯定的答复。事实上，教皇也的确从自己的队伍中获得了大力的支持。不过借此，额我略七世这时便拥有了一种军事潜力，而这一潜力又甘愿为教会所宣扬的目的所驱使。这一世俗骑士阶层的存在，再加上一部普世的教化法典，便成了克勒芒的号召此后在沃土中得以开花结果的一个重要先决条件。按照当时的思想，修道士是以和平的方式让他们的灵魂得救，而作为基督教骑士进行战斗的人（militia Christi）。效仿这种对修道士的理解，额我略七世将那些为他征战沙场的战士，称为"圣彼得的骑士"（militia sancti Petri）[①]。

不过，仅在教皇额我略七世任内最终完善的对战争的——特别是为教会而进行的战争的——积极评价，以及一种基督化了的阶级伦理，还不足以促成骑士们为教会出征东方的意愿。除这两点外，还存在其他一系列因素。

在过去的几个世纪中，欧洲教会中逐渐形成了一种不断增加的朝圣活动，其最重要的目的地就是耶路撒冷和圣地。至 11 世纪末，基督教世界已经有一段悠久的耶路撒冷朝圣传统可供回顾。君士坦丁大帝[②]的母亲海

[①] 因为教皇被认为是圣彼得（圣伯多禄宗徒）的后继者。——译者注

[②] 君士坦丁大帝（君士坦丁一世，306—337 在位）是第一位皈依基督教的罗马皇帝，并在 313 年与帝国东部皇帝李锡尼共同颁布了米兰诏书，使基督教在帝国范围内成了合法、自由的宗教。——译者注

伦娜皇后就去过巴勒斯坦。

按照史蒂芬·朗西曼（Steven Runciman）的说法，海伦娜皇后马上就作为基督教伟大的"女考古学家"在那里展开工作。在她的带领下，人们发掘出了骷髅地[①]并找到基督受难的遗物。在此之后，君士坦丁大帝就下令在这个位置建圣墓教堂。

从现存的记载来看，早在333年，人们就在巴勒斯坦遇到一位不知名的、来自遥远的波尔多[②]的朝圣者。此后不久，又有一位名叫埃吉丽亚的西班牙女士到那里去，并且凭借着她对那些神圣处所（loca sancta）所做的记述而声名远扬。教会圣师奥古斯丁[③]出于神学和道

①　德语 Golgotha 或 Golgota，音译为哥耳哥达或各各他，意译为骷髅地，是耶稣受钉而死之地，据记载那是耶路撒冷城郊的一座小山丘。——译者注

②　波尔多位于今法国西南部，靠近大西洋。——译者注

③　希波的奥古斯丁（Augustinus von Hippo，或译奥斯定，原名奥勒留·奥古斯丁 Aurelius Augustinus，354—430）是北非城市希波的主教，天主教教会的四大圣师之一。青年时期的奥古斯丁才华横溢，放荡不羁。30岁时跟从安布罗修信奉天主教，学习神学，之后悔悟并受洗礼。在牧职内，他竭力对抗摩尼派(Manichäismus，主张善恶二元论)、淘纳派（Donatismus，主张圣事施行的有效性取决于施行者的德行）和白拉奇学说（Pelagianimus，主张人单凭己力、不需圣宠便可得救）等异端。奥古斯丁的《忏悔录》记录了他皈依天主的心路历程。其他代表作有《天主之城》《论天主

德上的种种原因，不赞成朝圣。但圣热罗尼莫①则不同，他代表着一种或许更加迎合大众虔敬传统的，也更适应未来趋势的观点，认为在基督曾经生活、受难的地方祈祷，完全可以是一种信仰行为。公元 386 年，他作为隐修士从伯利恒归来，成了人们学习的典范。大约半个世纪之后，欧都奇亚皇后在晚年就定居在了耶路撒冷。她对之后极受欢迎且利润丰厚的圣物遗骸买卖起到了重要的推动作用，因为她将那幅据说是圣路加所画的圣母像送到了君士坦丁堡。

在接下来的几个世纪中，去耶路撒冷朝圣的活动越来越受人青睐。所以，为了接纳朝圣者，圣地出现了许多修道院和旅客住宿处。而公元 7 世纪 40 年代叙利亚和巴勒斯坦的伊斯兰化进程，不论是如主流学术观点所主张的通过对征服这些国家而进行的，还是像个别新近的研究所认为的更多地通过循序渐进的过程推进的，这一发展进程都没有明显的中断。对穆斯林来说，那些被他们当作教条宗教的信徒而予以容忍的东方基督徒是熟

圣三》等。——译者注

　　① 圣热罗尼莫（约 340—420）是权威拉丁文《圣经》通俗译本（武加大译本 Vulgata）的译者，此译本是由希伯来原文（《旧约》）和希腊文（《新约》）译出的。圣热罗尼莫也是四位教会圣师之一。——译者注

悉且可靠的，这些人甚至对待那些来自西方的基督教教友们总体上也是毫无保留和开放的。尤其是在8、9世纪之交的外交接触，也都发挥了积极的作用。这些接触发生于查理大帝——出于促进朝圣活动和保障其顺利运行等目的——与身处巴格达的阿拔斯王朝的哈里发哈伦·拉什德之间。除此以外，还要考虑到的是穆斯林在一定程度上必定也从朝圣者身上赚到了钱财，虽然这些朝圣者由于本着神贫的理念，没能将多大的财富带入这片土地。

然而，由于9世纪时加洛林王朝和拜占庭帝国的孱弱，地中海地区中那些北方的穆斯林海盗日益猖獗，这些海盗活动使途经海路的朝圣活动变得危险重重，一度有所减少。但是，在10世纪，当拜占庭凭借它的舰队再次强盛起来，重新称霸地中海东部时，出于对安全和秩序的考虑，为和平的商船、货物和朝圣者的运输畅通无阻提供了尽可能的保障。至此，中世纪耶路撒冷朝圣的辉煌时代才真正拉开了序幕。

另一个原因是，从这个时期开始，人们产生了一种普遍相信某些特定地点有治愈效果的信念，以及一种相信可以通过在一个神圣的地点进行祈祷，进而洗清罪行并使自身圣洁的想法。这些想法迅速蔓延，促使了所谓的赎罪朝圣的形成。越来越多犯下如乱伦、谋杀这类严重不当行为的罪人，被教会判以此种朝圣，作为教会法上的惩罚。由于去耶路撒冷朝圣的普及，从这时起我们越来越频繁地听到，个人因自身的重罪而前往圣城朝圣，并期望借此得到宽恕，如诺曼底大公罗伯特一世（1027—1035年在位）。1064至1065年间，班贝格主教衮特甚至还带领一支据称有7 000人的朝圣队伍去了圣地。

虽然在此期间整个欧洲内部已经形成了一张布满众多朝圣地点的密集网络，尤其是罗马和圣地亚哥德孔波斯特拉这两处，作为特别重要且突出的朝圣地，已有了跨地区的吸引力。但是，耶路撒冷却仍然保持着它独一无二、极其重要的意义。因此，对许多人来说，得知那些因基督生活过、受难而变得神圣的地方现在握在异教徒的手中，越发令人无法忍受。而其他异教徒在欧洲却曾被极为成功地击败，并被赶回了老家。

11世纪后期，欧洲的经济和社会状况也为此起了推波助澜的作用。无论是普通百姓，还是贵族，都因此产生了为寻求其他收入、富裕生活而动身前往异国他乡的想法。在十字军东征前夕，欧洲中部和北部的大部分地区仍被浓密得几乎无法穿越的森林和沼泽覆盖，这些地区的面积远远超过了可耕作土地的面积。当时人们大多采用三年轮作的耕作法，也就是说，在连续两年中分别种植不同的作物，第三年则不耕作，以使休耕的土壤得以恢复。而由此带来的问题就是，收成少得可怜，通常只有播种时种子的3倍左右。相对不断增长的人口，粮食极为不足。此外，当时的农业生产极度依赖于气候状况，因而饥荒也就频繁发生。对于这种情况，从世纪之交就开始大力推行欧洲内陆的垦殖和扩大耕地面积的行动，最初成效甚微。除此以外，经常肆虐的时疫也使情况雪上加霜。由于当时医疗和卫生条件很差，在许多疾病面前人们基本上是束手无策的，以至于疾病一再地夺去大批人的生命。

当时的欧洲，农村人口占绝大多数，他们居住在简易的泥土和木制房屋中，家中的财产以及几乎所有的日常生活和农业生产所必需的物件均由自己制作，总体生活水平十分低。而那些在各地被越来越多地建造起来的、部分由石头砌成的贵族城堡中，情况也并没有本质的区别，与中世纪史诗中的那些理想化的描写相差甚远。最多在皇家和主教们的宫殿和大型官邸中，情况看起来会稍好些。

那种从加洛林传统沿袭下来的、将遗产平均分配给每个后裔的习俗，导致个人分得财产的减损量非常大，以至于后代几乎无法靠这份遗产来养活自己。于是，贵族们就寻求避免产生这种极具威胁的贫困化的方法。在法国北部，人们开始推行长子继承制，即长子拥有唯一的继承权，晚出生的孩子则必须由其他人提供生活保障或另谋生计，譬如成为教士或僧侣，或者作为骑士参加战斗。

另一种避免遗产遭到毁灭性分割的方式被称为兄弟共同继承制（Frérèche，源自拉丁语 fraternitia[①]），这种方式主要在法国南部、勃艮第和意大利得到运用。在这种方式中，所有的兄弟共同继承遗产。虽然家族的财产因此得以不受分割地保留下来，但最终需要以此来养活的家庭成员的数量总是不断增加。由于在这一规则中，还暗藏着财产不再能够供养一个数量庞大的家族成员的危险，所以人们必须要小心地把生育率保持在稳定的低水平上。而在现实中，这就意味着不能允许每个家庭成员随意结婚，家族中的个体利益必须严格服从家族利益。所以对于兄弟共同继承制而言，加入教会或为他人提供军事服务，同样是摆脱大家族强大压力和在其他地方寻求机遇的唯一出路。

有了这些背景，就不难理解为什么乌尔班二世在克勒芒的呼吁在贵族骑士阶层也引起了同样热烈的响应。十字军东征提供了一种逃离这些社会和经济上的困境，

---

① 意为兄弟。——译者注

在遥远的东方赢得财富和独立的可能性。

11 世纪末的欧洲，农业是主导性的经济产业，而且是大多数人口赖以生存的基础。阿尔卑斯山以北的那些为数不多且规模不大的小城市，多是在古罗马时期建成的，根本无法与东方的那些繁华都市相提并论，而且当时的手工业和贸易还扮演着相对来说不太重要的角色。

尽管当时的道路交通网总体看来仍不发达，但已经有了贯通欧洲，并将它与外界市场联系起来的远程贸易通道，比如经罗纳河谷至穆斯林统治下的西班牙地区；经雷根斯堡、布拉格和克拉科夫至基辅；或经雷根斯堡、顺多瑙河而下直至君士坦丁堡的通道。威尼斯、热那亚和比萨这几个意大利海上共和国的船只则提供了另一种选择，它们不仅驶往拜占庭帝国，也驶往穆斯林的港口，如君士坦丁堡和亚历山大港。经济和文化较为发达但自然资源相对匮乏的伊斯兰世界，当时就通过这些途径，将木材、铁等重要原材料从欧洲由科尔多瓦运至开罗、大马士革，直至遥远的巴格达。除此之外，武器和白人奴隶也绕开国家和教会一再强调的禁令，作为商品被买卖，同时这两种商品在东方也非常受欢迎。反过来，那些通晓多种语言的从事远程贸易的商人——常常是犹太人——则为欧洲人数较少的上层阶级供应来自东方的奢侈品，他们将布料、香料、珠宝等拜占庭和东方省份的珍稀物品带到欧洲。

这些贸易往来的一个重要意义是，它们逐渐拓宽了欧洲在地理学上的视野，如若不然，这种视野就只能通过在欧洲北部和东部边境地区的传教活动得到一定程度的扩展。随商品交易一起的有关东方传奇般富庶的传闻，也通过商人们带到了欧洲。那些归国的朝圣者也不忘讲述各个朝圣处所的辉煌壮丽和罕见的动植物世界，那些在上帝的帮助下化险为夷的故事，以及那个陌生世界所具有的诱人吸引力。他们的叙述混合着民间虔敬思想中的想象，以及深受《圣经》中若望启示录影响的神父们的描绘，有些人会因此将想象中的耶路撒冷和尘世中的耶路撒冷混为一谈。想象中的耶路撒冷有12座珍珠做的城门，用宝石装饰的城墙和金子铺成的街道，它不需要太阳和月亮，因为有上帝照耀着它。尤其对于那些有着简单心性和孩童般信仰，又希望在今世得到更好生活的穷人和没受过教育的人来说，仅仅是"耶路撒冷"这个名字就已经有了一种神奇的吸引力。

所有这一切，促成了教皇的号召在社会各个阶层中都得到了热烈的响应，而这种响应的强烈程度，甚至乌尔班二世本人都倍感意外。

第四章
十字军第一次东征

前　奏

　　教皇很可能原本只想通过他的号召，组建一支由几百或几千人组成的骑士军团，并派它去协助拜占庭皇帝抗击塞尔柱突厥人。虽然作为此次出征计划目的地的耶路撒冷，在之后的时间里受到越来越多的重视，但按照通常的学术观点——虽然这一观点受到赫伯特·E. J. 考德里 (Herbert E. J. Cowdrey) 的强烈反驳——乌尔班二世在他的布道中应该还没有提及它，因为在克勒芒时他的意图尚不在此。这一论点的主要论据是，在可信度较高的沙特尔的富尔彻的记述中，完全没有提到过圣城的名字。在其他的文献中，这个名字才以或多或少被强调的姿态出现。

为拜占庭皇帝组建一支援助部队之事，对教皇来说可谓是一石二鸟。一方面，通过将至少一部分成天以寻仇为乐、贪图掠夺之物，又不愿遵守神睦禁令的骑士阶层成员送往远方，让他们在那里有用武之地的做法，促进了欧洲家园的安宁与秩序的稳定；另一方面，教皇还借此帮助了那些在他眼中身陷危机、急需西方施以援手的东方基督徒。这两者在许多中世纪的神学家看来，就如同对抗上帝的敌人本身一样，都属于基督教中的仁爱行为（caritas）。就像父亲有时需要出于爱而惩罚儿子，基督徒也应该为了帮助不信仰基督教的人，出于爱而手握宝剑来惩教他们。对于基督教对仁爱的这种理解和其对十字军东征史的意义，由乔纳森·莱利－史密斯（Jonathan Riley-Smith）特别指出，虽然这种理解常常与现实及许多相反的阐释观点相冲突。

但是，那些为了基督教世界的普遍利益而走上战场的骑士们，则应与朝圣者（peregrini）等同起来。像对其他朝圣者一样，灵魂上的酬劳也在向他们招手。虽然他们的任务是杀人，但"任何单纯出于虔诚，而不是荣誉或钱财的目的，为解放上帝的教会而前往耶路撒冷的人，他的这个行为均将被看作为他的罪过所履行的完全忏悔的事"（quicumque pro sola devotione, non pro honoris vel pecuniae adeptione, ad liberandam ecclesiam Dei Jerusalem profectus fuerit, iter illud pro omni poenitentia reputetur），正如克勒芒大公会议决议的书面表述所记录的那样。如此一来，十字军成员不但被理解成了为主耶稣而加入战斗的基督骑士，还被理解为朝圣者或在朝圣路上的基督骑士，也就不足为奇了。而将他们与普通朝圣者区分开的，仅仅是他们持有武器，但他们也像普通朝圣者一样——除了长袍上的十字以外，还携带着朝圣者的外在标识——朝圣者木杖和布袋。

因此，他们也常常将自己的行动称作 peregrinatio（朝圣），尽管乌尔班二世这时还是回避使用这一概念及相关的等同词汇。除了这种叫法外，人们也把这些行动直接称作 iter（上路、行军、旅行）或 expeditio（远征），而且常常加上 Hierosolymitanum 或 Hierosolymitana，也就是"去往耶路撒冷的"这样的补充。现今人们常用的"十字军东征"这一称呼，是 17 世纪时由莱布尼茨创造出来的，不过在 13 世纪时的古法语文献中，"croiserie"这个词就已经时有出现。按照鲁道夫·希斯坦德（Rudolf Hiestand）的推测，这个词在拉丁语中的对应词汇

cruciata 可能因为其动词 cruciare 所含有的"酷刑、折磨"的基本含义，所以没能推广开。

　　除了宗教上的应许外，东征还具有一种额外的诱惑力，那就是可能在克勒芒会议时就已经施加到了愿意远征的骑士身上的神睦，他们在尘世间的财产在其不在故土期间会受到教会的保护。如果说乌尔班二世原本只是出于基督教的仁爱而计划为拜占庭皇帝组建一支援助部队的话，那么接下来的事态发展很快就超出了他的这个本意，并将他裹挟向前。在民意中及后来教皇的官方通报中，耶路撒冷受到越来越多的重视，解放圣城迅速变成了这场战争的真正目的。最终，一场令它的诸位发起人也倍感吃惊的、完全超出计划的大规模人员迁出，变成了最后的结果。不过，应当对此负责的大概还是教皇自己。根据多尔主教巴尔德李希的记述："我们应该感谢他为我们留下了一篇乌尔班在克勒芒讲话的记录。乌尔班对所有依照他的敦促而去往东方的人，承诺了那里的丰富战利品和那些被征服下来的土地不受干扰的占有权。"因此，如果人们要对教皇乌尔班的十字军东征号召如何能引发如此非同寻常的响应寻求一个解释的话，按照上述的情况——不过在学术研究中对此还一再表现出质疑的态度——除了宗教和社会层面上的原因之外，对战利品和土地实实在在的贪婪，也极有可能发挥了重要的作用。

由主所统领的十字军的启程日期在克勒芒时就已被定为 1096 年 8 月 15 日——玛利亚升天节这天。这不是随意定下的，而是由于这个节日在乌尔班二世倡导的针对玛利亚的虔敬活动中所具有的特殊意义。教皇在法国南部一直停留至 1096 年的仲夏，并在那里的很多城市为东征进行宣传。至少在致佛兰德人、博洛尼亚人和瓦隆布罗萨修会会士们的三封信中，他对跨地区的信众们也发出了出征东方的号召。不过他也指出，年老体弱者应尽可能地留在家中，僧侣和神职人员没有上级的允许，不许加入出征的队伍。此外，那些在克勒芒受到教皇委托的主教们，在他们的教区内也为计划中的东征招募人员。但是，由于在克勒芒没有来自北方、英格兰和德国——洛林地区除外——的高级教士代表出席，因为这些教士按惯例是拥护皇帝支持的伪教皇克雷芒三世的，所以这也就可以解释为什么乌尔班的东征号召在这些国家几乎没有引起任何共鸣，只有零星的几个来自这些地区的贵族加入了此次行动。

平民十字军

　　大众对东征号召的进一步了解，主要来自那些没有得到教会授权的平民布道者们，不过他们的鼓吹明显带有右翼的倾向。由于当时大多数人都贫穷落魄，抱有末日即将降临的想法，相信只要将异教徒赶出耶路撒冷，基督就会再次降临，所以这些布道对他们来说更易于接受。而对去往耶路撒冷朝圣之事，被应许在最后的审判时所有罪过都将被赦免，并会得到永远的真福，甚至还被承诺了具体的尘世间的幸福康乐，以及一种前所未闻的富足生活。于是，大众完全沉溺其中，不能自拔。于是，朝圣和对抗异教徒的战争，以及与之相关的各种承诺，都不再只是贵族的事，而变成了所有人的事。在对外部世界和等待他们的各种状况还没有正确认识的情况下，成群的人们就舍弃了自己的家园，把他们微薄的财物装上两轮手推车，准备向远东进发。根据编年史学家诺让的吉贝尔的记述，当他们到达一个陌生的城堡或城市时，小孩子们甚至会惊叹地问他们是否已经到达了耶路撒冷。这种全家动身上路的行为，与其说是一种朝圣之旅或军事出征，不如说是一种中世纪的迁移运动。军事征战对他们而言几乎是不可能的，因为这些人完全不熟悉兵器，而且他们中拥有武装的人也极有限。

在众多的巡回布道者中，亚眠的彼得，又称隐修士彼得（Petrus heremita），尤为突出。相貌丑陋、满身污垢的他，赤着脚，身着带帽的僧袍，骑驴来到人们的面前，给人们展示了一封所谓的天上来信，但他的听众们对他热爱有加。根据诺让的吉贝尔的记述，人们认为彼得身上附有某种神圣的东西——甚至他的驴子身上的毛发都被奉为圣物。自 1096 年 2 月起，彼得就用他极具鼓动性的口才号召大家参与东征，先是在贝里郡①，之后在香槟和洛林。他经亚琛去到科隆，在那里他的追随者已数以万计，男男女女，包括儿童、农夫和市民，而这些人中有很多人的身份背景不明。在这些追随者中，有一位名叫没有财产的瓦尔特（Guualterius Sinehabere）的骑士。1096 年 4 月 12 日，这位隐修士在科隆度过复活节，继续为十字军东征进行鼓吹。不过，没有财产的瓦尔特在城中并没有停留很长时间，他与数千名不耐烦的民众一起，率先启程前往东方。就这样，一场大规模的群众运动开始了，对此，学术界提出了"农民的十字军东征"，或者更准确地说，"平民的十字军东征"的概念。这种

① 贝里郡是位于今法国中部的一个旧时的伯爵领地。——译者注

52

形式的东征不仅让今天的人不寒而栗，也令当时的人们因为它所引发的种种不法行为而恐惧不安。

仅仅几个星期后，1096 年 5 月，没有财产的瓦尔特和他的队伍到达了匈牙利边境，在还算遵守这里的制度的情况下，他和他的人穿越了这个国家，踏上了拜占庭的土地。在这里他们因为劫掠发生了首次冲突，但事态控制在小范围之内。之后，瓦尔特和他的追随者在基本未受阻的情况下，于 7 月到达了君士坦丁堡。而由隐修士彼得带领的队伍则更加难以掌控，4 月下旬，他和他的队伍离开了科隆。由于彼得的追随者在匈牙利时就已经开始抢劫和强奸妇女，所以在那里发生了第一次真正的战斗。虽然他们只有长柄镰刀、打谷棒这样不像样的武器，还是凭借人数的优势，在塞姆林①杀死了数千名想要制止他们行动的匈牙利士兵。而在拜占庭帝国的领土上，再度出现了严重的不法行为，彼得的人纵火抢劫了贝尔格莱德城。这之后，拜占庭的军队奋力回击，使这群打家劫舍的乌合之众受到了重创。但是，直到拜占庭皇帝阿历克塞一世·科穆宁派了几支部队，为彼得和他的追随者们提供食物，并护送他们去君士坦丁

---

① 塞姆林今称泽蒙（Zemun），属塞尔维亚，位于其首都贝尔格莱德附近。——译者注

堡时，杀戮和劫掠才得以终结。8月1日，这支由彼得和瓦尔特领导的会合在一起的浩浩荡荡的队伍到达了君士坦丁堡。

在这期间，另一支由平民组成的十字军队伍的进展却没有那么迅速。这支队伍是由一个名叫戈特沙尔克的神父、一个叫福尔克马尔的人和莱茵地区的伯爵、莱宁根的埃米科联手在德意志召集组成的。按诺让的吉贝尔的表述，这支队伍在匈牙利的表现从一开始就如同感染了狂犬病一般，只靠抢劫和杀人为业。他们在粮仓中放火，强奸妇女和幼女，无所不为。最终，他们几乎全部丧命于匈牙利人的愤怒和利剑之下，只有少数人苟活下来，并突围去了君士坦丁堡。

不过，这群乌合之众的骇人名声早在他们还没有踏上匈牙利的土地之前就广为人知了。受到宗教狂热分子和犯罪分子的鼓动，他们以必须先将杀害基督的凶手从自己的国家中去除，然后才去解决撒拉逊人为由，开始袭击德意志的犹太团体。宗教上的盲目加上贪欲，使他们完全丧失人性，在莱茵河沿岸（还不止这些地区，甚至包括特里尔、雷根斯堡和布拉格）肆意杀害和掠夺犹太人。"那些可恶的、处处可遇的下等人"（execrabilem Judaeorum quacumque repertam plebem），记录第一次十字军东征的重要编年史学家之一的修道院院长奥拉的埃克哈德，用一种令今天的人们感到错愕的方式做出了如此的表达。对于当时的情形，犹太权威人士的描述给出了沉重的见证。那些充满戾气的暴徒出于"好心"，会让犹太人在强制受洗和死亡之间做出选择，为了不落入这些暴徒的手中，很多犹太人选择了集体自杀。对于这次中世纪的第一次集体迫害事件，即便皇帝亨利四世明确表示犹太人受他的保护，以及下洛林的公爵布永的戈弗雷也曾让犹太人向他缴纳钱款以便保护他们免受那些脱缰的暴民之扰，也没能改变事态的发展。一些主教则将自己的宫殿提供出来作为避难所，用来保护那些在他们的城市繁荣发展中"颇有价值的"犹太团体，但这些也都无济于事。

不过，那些平民十字军的其他参与者也没有做出让自己受到尊敬的事情。虽然隐修士彼得在君士坦丁堡受到了友善的款待，但根据诺让的吉贝尔的记载，彼得的队伍与没有财产的瓦尔特，以及在此期间到达君士坦丁堡的其他朝圣人群一起，同样做出了最无耻的行为。他们毁坏宫殿，纵火烧毁公共建筑，甚至盗走教堂屋顶的铅皮，然后再将它们卖给希腊人。因此，皇帝阿历克塞急忙设法尽快摆脱这群无法无天的乌合之众，并在8月

6 日用船将他们经博斯普鲁斯海峡送往小亚细亚。这支队伍让拜占庭人着实地领教了一番西方的处事方式，这对他们后来对待十字军的态度产生了负面的影响。

这群暴民立刻又对小亚细亚地区信仰基督教的东道主的土地进行了洗劫。在这之后，他们经古尼科米底亚（今伊兹米特）①，去往距此不远的拜占庭军队的驻扎地基波图斯（Kibotos），十字军将之称为齐维托特（Civetot）。他们没有听从拜占庭皇帝建议他们等待西方增援的劝告，而是在抢夺财物和杀戮欲望的驱使下，开始在突厥的领地上打家劫舍。有几千法国人甚至推进至塞尔柱苏丹基利杰·阿尔斯兰一世（1092—1107 年在位）统治下的首都尼西亚（今伊兹尼克）城下。在那里，他们不仅掠夺了大量财物，还开始屠杀当地的居民。一队德国朝圣者想要效仿他们，却被一支塞尔柱军队拦截住，把他们包围了起来并全部歼灭。后面的大军听到了这个消息，就以最快的速度撤回，去寻求救援。但他们还是在 1096 年 10 月 21 日遭到了塞尔柱人的伏击。最后，胜利的一方袭击了位于齐维托特的军营，屠杀了那里剩余的十字军——只有孩童得以幸免。少数人从这场屠杀

① 伊兹米特位于今土耳其西北部、马尔马拉海边。——译者注

中逃了出来，并设法逃回了君士坦丁堡。而隐修士彼得此时已经作为皇帝的宾客在那里逗留，一直停留至后来加入抵达了的骑士军中。至此，所谓的平民十字军就走到了它既不光彩又短暂，但完全是罪有应得的终结点。

骑士的十字军东征

在这期间，各路王侯的骑士军也踏上了征程。比起老百姓那种自发的、准备不足的启程，骑士军组建花费的时间要长得多。王侯和贵族不仅要安排好他们不在故乡期间土地和政权的管理事宜，还要招募随从和军队人员。最重要的是，他们必须获得足够的现金，以保证在整个行动中的生活所需，而骑士们需要的昂贵装备也是重要的支出。一名骑兵不仅需要由锁子甲、头盔和盾牌组成的重型武装，还需要剑、长矛以及至少一匹战马、一匹替换用的马和一匹行军用的马。

由于除王侯之外的大部分骑士没有足够多的可供支配的现金，就被迫出售或抵押自己的动产和不动产。而当时最主要的出资者是修道院，他们将物品或地产直接收购，或者把这些作为所提供贷款的担保物占有下来。由于抵押期间获得的收益都归出资者所有，所以此种贷款绝对是一种相当有利可图的生意，而且这种做法很精明地规避开了教会法中禁止收取利息的条文，但它实际上却是一种隐蔽的获得投资利息的形式。

除了在第一次东征中搜罗到的战利品比后来的几次要多些外，很少有十字军成员能成功地在东方得到他们所期望的财富，而有了这些财富，他们才有能力偿还贷款。这种情况的后果之一是，假使一个十字军成员真能回到家乡，他常常是两手空空，变得赤贫。于是有些贷款协议就预先拟定，一名破了产的十字军成员至少还能在为他远征出资的修道院中寻求庇护之所。但就如贾尔斯·康斯塔堡（Giles Constable）令人印象深刻地印证的那样，对于其他所有拥有足够现金来装备这些十字军成员的人或机构——譬如犹太人或宗教机构——来说，东征则成了一种收益可观的生意。但是，这些金钱交易和债务问题不可避免地引发了社会混乱，在迄今为止的研究中针对这些问题充其量只是有过个别的探讨，还没有得到足够的认识和研究。

在第一批启程东征的王侯中，有一位是伯爵韦尔芒杜瓦的雨果，他是法王腓力的弟弟，他带领着一支规模不是很壮大的队伍，经陆路前往意大利，于 1096 年 10 月在那里乘船从巴里穿过亚得里亚海去往杜拉修（今都拉斯）^①。在那里，雨果被一位拜占庭皇帝派来的使者引至君士坦丁堡，受到了皇帝的亲切接见。皇帝阿历克塞没有想到自己在皮亚琴察提出的以雇佣兵部队的形式给予军事援助的请求，西方能立即集结整支的军队并使之行动起来。即便如此，作为一位老练圆滑的政治家，他仍能让自己迅速地适应这一新形势。他应对由此产生的问题的能力，已经在那群毫无纪律可言的平民十字军出现时展现了出来。他为这群人提供食物，然后以最快的速度将他们送往了小亚细亚。但当装备精良的军队来到他的首都的城下时，问题则变得更为尖锐了，甚至还带有威胁的意味。尽管拜占庭对拉丁西方国家不信任，而且之前还与意大利南部的诺曼人之间有过不愉快的经历，^②但阿历克塞显然不是以这个在他看来不成立的前提为出发点的，即他认为那些还在行军中的十字军统帅，是本着为自己征服领地的目的而来的。因为只有这样，才能理解从一开始，也就是说早在那位法国伯爵率领的

①　位于今阿尔巴尼亚西部，亚得里亚海畔。——译者注

②　1017 年之前，意大利南部为各方割据，普利亚和卡拉布里亚的大片区域被拜占庭帝国占据。但在 11、12 世纪，原本只是伦巴第、拜占庭等各方雇佣军的诺曼人，逐渐建立并巩固了自己的政权，在 1071 年将拜占庭人赶出了意大利，并在 1139 年将包括西西里岛在内的整个意大利南部囊入了怀中。——译者注

小部队到达时，他就有将这些拉丁人有可能征服的地区重新划入拜占庭的国家联盟之中的意图。这位皇帝的女儿安娜·科穆宁娜写了一部歌颂她父亲生平的《阿历克塞传》，这部历史著作也成为人们所掌握的最重要的拜占庭方面关于第一次十字军东征的史料。在这部作品中，科穆宁娜对韦尔芒杜瓦伯爵做出的评价是：这位伯爵自负又目空一切。而拜占庭皇帝则巧妙地用最殷勤的方式来对待这位伯爵，从而成功地获得了后者的保证，承诺将把所有在未来征服的土地全部归还拜占庭。不过不明确的是，阿历克塞在此考虑的是那些拜占庭在1071年曼济科特战役后失去的领土，还是前拜占庭远至埃及的所有行省。

约在韦尔芒杜瓦的雨果出发的同时，下洛林的公爵布永的戈弗雷也踏上了东征的征途，由于他将自己的部分财产或变卖或抵押，所以人们常常认为他从一开始就抱着永不再回故土的想法。不过，这一论断可能与汉斯·埃伯哈德·迈耶（Hans Eberhard Mayer）的观点相反，迈耶认为戈弗雷显然从未放弃过自己的公爵领地，因此这一公国也是在他死后才由皇帝亨利四世重新分封的。除去一批在当地或多或少有着重要地位的贵族之外，他的弟弟布洛涅的鲍德温和另一位叫布尔克的鲍德温的亲戚也加入了他的队伍。前者因为在遗产分配中得不到分文，原本就要投身于教徒生涯，所以从一开始就不打算返回家乡，而在东方碰碰运气的选择就在考虑范围之内，他带着妻儿一同上路的做法也可以支持这一推测。正如在克勒芒计划好的，戈弗雷于 1096 年 8 月中旬率领着一支由洛林人和法国北部人组成的庞大军队离开了家乡。这位公爵与匈牙利国王卡尔曼做出约定，后者将戈弗雷的弟弟扣为人质作为条件，为十字军成员供应食物。在这之后，这位公爵以铁一般的纪律遵守着各种制度，率领着他的军队在没有大规模破坏行为的情况下通过了匈牙利，又从那里继续向君士坦丁堡进发。在圣诞节前不久，他们到达了君士坦丁堡这座城市。

与韦尔芒杜瓦的雨果不同，戈弗雷公爵显然对拜占庭极度的不信任，他多次回绝了拜占庭皇帝发出的去皇宫做客的邀请，还拒绝立下皇帝所要求的誓言。随后，阿历克塞试图对布永的戈弗雷施压，停止为其军队提供急需的粮草，然而这导致在城郊发生了严重的洗劫行为。之后，恼羞成怒的十字军甚至在戈弗雷的授意下袭击了皇宫。皇帝的耐心因此消耗殆尽，他发动军队回击了十字军，让他们尝到了一些苦头。由此戈弗雷变得顺从起来，并在 1097 年 1 月 20 日被迫立下了誓言。在这之后，他和他的军队立即被赶出首都附近，并被送往小亚细亚。

接下来，由野心勃勃的侯爵塔兰托的博希蒙德和他年轻的侄子坦克雷德率领的、由意大利南部的诺曼人组成的部队，抵达了博斯普鲁斯海峡。虽然教皇乌尔班二世发出的十字军东征号召起初只在亚平宁半岛上产生了很小的共鸣，但当第一批十字军在1096年秋踏上意大利的土地时，博希蒙德似乎迅速意识到了东征所能带来的各种机遇，便想借助它达到自己的目的。他或许希望通过让拜占庭损失一些利益，让自己在东方能得到他在诺曼王国中由于其罗伯特·吉斯卡德大公的私生子的身份而得不到的地位。就在不久前，他主导的旨在赢得更大势力的对抗拜占庭帝国的几次战役，皆因皇帝一方有力的抵抗而以失败告终。大概是不想惹恼他的宿敌，让人捉摸不透真实意图的博希蒙德在1097年4月中旬二话不说地立下了被要求的誓言——不过，或许从一开始他就没打算去遵守它。

紧随博希蒙德和他的诺曼部队之后，伯爵图卢兹的雷蒙德也带领着一支来自普罗旺斯的大军来到了君士坦丁堡。尽管他是法国南部最强大的王公，有着相当数量的领地，他也无意再次回归故土，他把自己的所有土地都交给了儿子贝特朗，在妻子的陪同下启程东征。按照他的家庭神父、编年史学家阿基勒斯的雷蒙德的记载，这位伯爵不是为了承认上帝之外的另一个主人或为某人服务而参与十字军东征的，所以他对阿历克塞提出的立誓要求予以了拒绝。在漫长的协商之后，他才立下了一个弱化了的誓言，不过与其他王侯不同的是，他之后也确实信守了这一誓言。

至于皇帝阿历克塞要求的誓言，在何种程度上真正涉及的是西方模式中受封采邑时需要做出的效忠宣誓——像安娜·科穆宁娜的相关说明中容易让人联想到的那样，那些王侯们立下了"那种在拉丁人中惯行的誓言"——在史学研究中存在着激烈的争论，并且很难对此下定论，因为确切的宣誓文字没有被流传下来，人们只能根据不同的史料进行推断。拉尔夫－约翰内斯·利力依然像之前那样，认为除了那位只发过一个保证誓言（securitas）的图卢兹伯爵以外的十字军成员，都曾发过一个包括臣服誓言（homagium）和效忠誓言（fidelitas）在内的完整的受封采邑的效忠誓言。而这一观点则被其他学者反对，像约翰·H. 普赖尔（John H. Pryor）和汉斯·埃伯哈德·迈耶就认为，在此并没有建立起一种封邑关系，因为十字军成员没有发过臣服誓，只是发了效忠誓而已。

在克勒芒的号召发出一年半后，已有数万十字军集结于博斯普鲁斯海峡，尽管对于它的兵力，人们掌握的数字并不可靠——那些将这一数字计为数百万的编年史学家必定是估算得过高了。但对于中世纪的情况而言，这无疑是一支异常庞大且令人敬畏的军事力量。据约翰·弗朗斯（John France）的保守估计，这支军队的总兵力约为 5 万至 6 万人，其中约 7 000 人为骑士和贵族。如果按照骑士和步兵的力量比例为 1∶3 考虑，那就意味着后者约有 2 万人。除此以外，还要加上每名骑士要带一到两名侍从以及无法估算的非战斗人员——像教士、妇女、儿童，等等。因此，不仅骑士的数量，整支军队的总人数，估计还应稍稍再多些。

而这些人必须要成周地得到食物供给，也就是说，必须始终有足够的食物被带过来，或持续地通过追加购买，或者通过抢劫予以补充。为运输这些物资以及武器、帐篷等装备，则需要一支由各种四轮和两轮货车，以及牵拉它们的驮畜组成的庞大辎重队。为大多数人供给食物已经是一项几乎无法完成的任务了，但人们还必须面对另一个严重的问题——照料大量的马匹。就这一问题，哈特穆特·耶里克（Hartmut Jericke）在另一个课题中提供了极好的证明：假设每位骑士拥有三匹马——一匹用于行军，一匹用于替换，还有一匹战马——当时就有超过 2 万匹的马。而由于每名骑士应该都会由一名甚至两名侍从陪同上路，那么保守推算还要再加上 1.5 万至 2 万匹马。如果现在再将约 1 万匹驮畜计算进来的话，那就意味着当时的十字军大约拥有 5 万匹马。假设每匹马每天只需 3 公斤的燕麦或干草作饲料，那么所有马匹每日的饲料需求就将达 15 万公斤，也就是 150 吨之多。

仅就组建和装备一支如此规模的军队，第一次东征的统领们就已经取得了一项相当大的成绩。而在运输方面，面对着前面指出的种种问题和当时恶劣的道路状况，能将这支部队连同随行辎重从军士们各自的家乡，跋涉成百甚至上千公里运至君士坦丁堡，就不愧为另一项壮举。在十字军仍在截然不同的路线上前进，特别是还在"友善的"即信仰基督教的地域内移动时，这些巨大的困难还能勉强克服。尤其是在拜占庭的领土上，以及首都君士坦丁堡附近时，皇帝阿历克塞起到了不可低估的作用，他以一种强大的财务和组织上的运作能力，在很大程度上为十字军解决了一切必要的需求。但当十字军准备持续战斗、在敌方的领土上推进时，后勤问题得不到解决的情况就开始出现了。

十字军的第一个目标与皇帝阿历克塞的想法一致，

是具有重要战略意义的尼西亚。这座自古希腊罗马晚期就被布防得壁垒森严的城市，坐落在马尔马拉海附近的阿斯卡尼湖（今伊兹尼克湖）东岸。不久前，它还是拜占庭帝国最大的城市之一，1081年落入鲁姆塞尔柱人手中，成了他们帝国的首都。尼西亚是君士坦丁堡经尼科米底亚去往多利来昂（今埃斯基谢希尔以北）[①]的一条重要道路。经过卡帕多细亚[②]和奇里乞亚[③]，这条要道又会继续通往叙利亚和巴勒斯坦。对皇帝阿历克塞而言，攻下这座因举办过两次大公会议而闻名的城市，意味着在夺回西安纳托利亚的道路上迈出了重要的一步。

在拜占庭军方的支援和军官的建议下，十字军于1097年5月初开始围攻此城。这一时机的选择有其益处，因为苏丹基利杰·阿尔斯兰此时正与他的大部队身处亚美尼亚西部，在那里与土库曼的达尼什曼德王朝争夺梅利特内城（今马拉蒂亚）。或许是由于有了与隐修士彼得和其盟友带领的那群纪律涣散、只有糟糕装备的乌合之众打交道的经验，这位苏丹完全低估了这些正在逼近

① 埃斯基谢希尔位于今土耳其西北部。——译者注

② 卡帕多细亚是历史上的一个地区名，约位于今土耳其的中西部。——译者注

③ 奇里乞亚地区位于今土耳其的南部，大致相当于其毗邻地中海的阿达纳和梅尔辛两省。——译者注

的欧洲人所能带来的威胁。当他为了解救自己的都城匆忙赶来时，却被十字军于 5 月 21 日击败，不得不撤了回去。围困尼西亚的行动继续进行，为此拜占庭的皇帝提供了重要的援助。在此期间，他下令将船只从陆地拖往阿斯卡尼湖，这样就形成了一个环绕城市的包围圈，这使得经由此前还是开放的水路为城市输送给养的可能变得不复存在。由于没有来自外部的援军和帮助，被围者变得十分绝望。为了不被饿死或被十字军血腥征服，塞尔柱人的指挥官在经过秘密谈判后，于 6 月 19 日向拜占庭帝国的海军投降。现在阿历克塞·科穆宁一世应该可以满意了，尼西亚城没有遭受明显的破坏，再次回到了拜占庭的怀抱。此外，苏丹保存在那里的国库储备也落入了他手中，虽然他很慷慨地馈赠了十字军，却出于害怕他们的洗劫和无法无天的行为，禁止十字军进入城中，而这些人则认为这是骗取了他们预期的战利品，并觉得受到了希腊人的欺骗。在接下来的时间里，这次"背叛"就成了原本就充斥着互不信任的拜占庭和十字军的关系之间的一个额外负担。

但这毕竟是十字军的第一次胜利，他们现在满怀信心地期待着未来。布卢瓦的伯爵斯蒂芬就在给他的妻子阿德尔海德的信中如此写道：他现在希望能在 5 周后到达耶路撒冷，如果没有——他有远见地补充道——被敌人阻挡在安条克城下。但即便只是到达安条克，也还有很长的一段路要走。

6月26日，十字军从尼西亚出发。他们的下一个目的地是多利来昂，因为从那里会分出数条贯穿安纳托利亚的通道，也许是出于给养保障的原因，军队分为两个梯队行军。第一梯队由来自意大利南部和法国北部的诺曼人、布卢瓦和佛兰德的伯爵招募的队伍组成，听从塔兰托的博希蒙德的指挥，这一梯队还有经验丰富的塔第吉欧斯将军统领的一支拜占庭分队跟随。剩下的十字军在图卢兹的雷蒙德和布永的戈弗雷率领下，以一天的间隔时间跟随着前一梯队。6月30日傍晚，第一梯队在多利来昂附近的平原上距离一片湿地不远处宿营。

此时，基利杰·阿尔斯兰在经历了尼西亚的失利之后，重整了他的军队，并获得了来自东部的援军。当他隐藏在一座山谷中发现由塔兰托的博希蒙德率领的行军梯队时，可能认为在他面前的是全部的十字军队伍，而他的这支军队在兵力上应该远远超过敌方。因此在7月1日凌晨，这位苏丹下令让军队向前推进。虽然来自欧洲的骑士们被安娜·科穆宁娜尖刻地评价为"毫无战略训练和军事指挥艺术"，但博希蒙德还是做出了唯一的正确抉择。或许是在塔第吉欧斯的明智建议下，他命令骑士们下马，与包括弓箭手在内的步兵一起，组成一个让进攻的骑兵很难攻破的前线方阵。帐篷、生活物资、牲畜和非战斗人员所处的营地被置于中间，随着"真主伟大！"[即"Allāhū akbar"（编年史学家卡昂的拉杜尔夫按照听起来的样子，一度把它复述成了Allachibar）]的冲锋口号声，塞尔柱人疾驰而来，而这句口号在沙特尔的富尔彻的耳中听起来就像"野狼的嚎叫"。塞尔柱人在安全距离之外从马背上射出箭，箭镞疾风劲雨般一波波地冲向对手，而"这种形式的兵法"——如沙特尔的富尔彻所注释的——对十字军来说完全是陌生的。持续的箭雨不仅给人畜造成了重大的伤害，还引起了极大的混乱，只要想象一下那些被箭射中的呼叫声，那些受了伤的马匹四处狂奔，人们几乎无法再用缰绳控制住它们。然而博希蒙德和塔第吉欧斯却成功地长时间地保持住了战斗阵形。据《法兰克人的功业》一书的无名作者记载，十字军中的妇女们在这种情况下提供了很大的帮助，她们为战士和筋疲力尽的人送水，并鼓舞他们的斗志。即便如此，按沙特尔的富尔彻的描述，受困者们还是感觉自己像是被赶到畜栏中的绵羊，情况越来越危急。在一些塞尔柱人成功地突破进了营地，并砍杀他们利剑所及的一切之后，恐慌散布开来。直到由报信者紧急召来的十字军第二梯队的出现，被困者才得到解救。而且勒皮的主教阿德玛尔还成功地与一支骑兵队一起，绕过塞尔柱人，出现在他们的背后，现在轮到突厥人一方乱了阵脚。此刻，十字军则赞美着上帝，怀着胜利属于基督十字的信心，同时也惦记着那些一旦胜利就即将获得的战利品，转而发起进攻。倍感震惊的突厥人虽然起初还能做出一些猛烈的抵抗，但最终还是没能经受住来自欧洲的重甲骑兵的集中攻击，落荒而逃。在追击中，十字军将突厥人丢弃的营地及其中所有的财宝当作受用的战利品囊入怀中。不过，对手的英勇气概和军事才干还是给《法兰克人的功业》的作者留下了深刻的印象，他这样记载：如若这些突厥人是基督徒的话，那么人们就找不到比他们更好、更勇敢的战士了。

尤其是依靠着拜占庭提供的支持——这点常常被人忽视，十字军赢得了一场重大的胜利。由此一来，穿越安纳托利亚的道路对他们来说暂时变得畅通无阻了。虽然还有一条最短、最直接的路线可供选择，但这一路线需要更加深入敌方的腹地，并且要横穿盐质荒漠。十字军大概是接受了熟悉地方情况的拜占庭人的建议，选择了荒漠南边的一条较远的路线。7月初，他们再次踏上征程。不过，那种因他们及那群平民十字军的野蛮行径所造成的坏名声，已先于他们传播开来，并在这时结出了苦果。

十字军面对的问题不仅有来自基利杰·阿尔斯兰这位苏丹的，他在向东撤退时破坏了各处的泉井，并在很大区域中留下了一片焦土，还有来自那些被吓坏了的、态度变得敌对起来的当地人，他们也拒绝与欧洲人进行任何合作。没人打算卖给十字军任何食物，即使我们还缺乏塞尔柱人一方关于这方面的史实资料，但人们仍必须承认——而且必须强调的是——当地居民的排斥和敌意并不是因为十字军是基督徒，而是因为他们是残暴的外国入侵者。这一事实，在后来十字军在叙利亚和巴勒斯坦的东征史中，也依然起着主导的作用。

对十字军来说，当时的情况是戏剧性的。他们必须在炎炎酷暑中穿越一片荒芜且被损毁了的土地，这里什么也没得买，而且几乎不再有任何可供抢劫之物。这使得为一支这种规模的军队及牲畜提供即便只是基本的供给，几乎也是不可能的了。到处都缺少水、食物和饲料，很多人死于体力透支和饥渴，很多马匹倒地而亡，一些骑士甚至用牛当坐骑。即便如此，十字军仍然成功地在8

月底再次击败了一支在赫剌克雷亚（今埃雷利）^①拦住他们去路的穆斯林军队。

在这里有一条被称作奇里乞亚隘口的关隘公路，它从这里经托鲁斯山脉通往大数^②，再从那里经阿玛诺斯山脉^③通往奥龙特斯河谷。这本是去往安条克（今安塔基亚）最直接的路线，但由于肥沃的奇里乞亚平原处于突厥人的掌控之中，再加上这条关隘通道非常的狭窄和陡峭，以至于有笨拙辎重队随行的大型军队几乎无法通过，而且只需要几个敌人就能轻而易举地将它封锁住。布洛涅的鲍德温、布尔克的鲍德温和博希蒙德的侄子坦克雷德却偏向虎山行。9月初，他们带领一支小分队，穿越了托鲁斯山脉，向着奇里乞亚平原突进。

在此期间，大部队则向北转了一个大弯，取道凯撒利亚（今开塞利)，这条路线虽然长很多，但却有其优点。因为它沿着一条古老的拜占庭军工路，通过亚美尼亚诸侯的领地，而这些诸侯或多或少都承认拜占庭皇帝为其名义上的君主。在这里，人们可以受到基督徒居民的友善欢

---

① 赫剌克雷亚（埃雷利）是一座位于今土耳其南部托鲁斯山脉脚下的城镇。——译者注

② 大数（或译塔尔苏斯）位于今土耳其东南部托鲁斯山脉脚下，是西德奴斯河注入地中海的出海口。——译者注

③ 又称努尔山脉。——译者注

迎和帮助。经过凯撒利亚，十字军沿着公路继续向东南行进。在现今的格克孙城①，他们准备翻越前托鲁斯山脉，这条通向日耳曼尼科亚（今马拉什）②的关隘通道不太陡峭，而且比鲍德温和坦克雷德他们选择的那条通道要宽阔得多。但此时已是10月，据推测这条路由于开始降雨降雪，已变得几乎无法通行。按照《法兰克人的功业》的记载，这次穿越阿玛诺斯山口的经历，对人和牲畜来说绝对是一次无以复加的磨难，大量的骡马滑倒并坠入深渊。为了能踩得更为结实，很多骑士卖掉或者干脆扔掉了他们的重甲装备，当人们终于从那座"受诅咒的山脉"（exeuntes igitur de exsecrata montana）中走出来后，他们到达了亚美尼亚的日耳曼尼科亚。据说，那里的基督徒们给十字军献上了最友好的欢迎，并为他们提供了一切生活必需品。在短暂的休整之后，这支大军在10月中旬从这里出发，于10月20日抵达了安条克城下。

在此期间，布洛涅的鲍德温和坦克雷德侵入了奇里乞亚平原，在那里从突厥人手中夺下了大数、阿达纳③

---

① 格克孙位于今土耳其的中南部。——译者注

② 日耳曼尼科亚（今马拉什，全称卡赫拉曼马拉什）同样位于今土耳其的中南部，较之格克孙更偏东南一些。——译者注

③ 阿达纳位于今土耳其南部，临近地中海。——译者注

和玛米斯特拉（今密西斯）①三座城。可是这两个人谁都不想遵守将这些征服下来的领地还给拜占庭皇帝的誓言。不过，在这两个野心勃勃的人之间却产生了公开的冲突，在此过程中，鲍德温甚至一度在大数的城中坐视300名由主力大军派来支援坦克雷德的诺曼人被突厥人屠戮。这之后，坦克雷德便愤怒地离开了奇里乞亚，并沿着海岸去往港口城市亚历山大勒塔（今伊斯肯德伦）②，在一个把当地水域搅得不得安宁的名叫布洛涅的基内迈尔的海盗帮助下，坦克雷德征服了这座城市，以便重新加入在安条克城下的十字军主力部队。

而鲍德温也没有在奇里乞亚停留，在日耳曼尼科亚，他遇上了大部队并埋葬了自己的妻子，又从那里继续向东进发。他只带领100名骑士，就攻占了位于幼发拉底河西侧的拉文戴尔(拉丸丹)和图尔贝瑟尔(塔尔巴希尔)这两个要塞。他从这片狭长地带上信仰基督教的亚美尼亚居民那里获得了帮助，这些居民显然是将他看作把他们从突厥人的统治中解放出来的解救者。在幼发拉底河

① 玛米斯特拉现今同样属于土耳其，位于阿达纳以东约19公里。——译者注

② 亚历山大勒塔位于今土耳其南部的地中海沿岸。——译者注

对岸的埃德萨（今乌尔法）居住着亚美尼亚侯爵索罗斯，他怀着能够摆脱塞尔柱人霸权地位的希望，请求鲍德温帮助。1098年2月，鲍德温带领着区区80名骑士到达了埃德萨。不久之后，他又借助这位无子嗣的侯爵的收养，上升为共同摄政者、继承人。然而3月时，在埃德萨发生了反对不得人心的索罗斯的暴动时，鲍德温并没有为搭救后者而有所行动，更确切地说，他是冷眼旁观地看着人们杀死了索罗斯。就此，这位被臆想成为救人们摆脱突厥统治的拯救者和解放者，起初还受到各方爱戴的鲍德温登上了侯爵的宝座，此后自称埃德萨伯爵。近东地区的第一个十字军政权就这样建立起来了。

而另一边的十字军主力部队，准备在1097年10月围攻安条克。这座自古希腊罗马时期就举足轻重，而且时至此时依然宏大的城市，拥有着皇帝查士丁尼时期（527—565）修建的宏伟城墙，是一座极难攻克的堡垒。此外，它还有一座巨大的城塞作保护。正因为此，拜占庭人在东部的统治于1071年复活节崩溃时，他们还能守住安条克城。但此城还是在拜占庭的最高长官费拉雷托斯·布拉查米欧背叛之后，于1084年落入塞尔柱人的手中。继而在1086年，整个叙利亚的北部和美索不达米亚的北部，都被苏丹马立克沙（1072—1092年在位）

征服并归入塞尔柱帝国。那里的重要城市则都由其统治家族的成员或可靠的高官们管理。安条克的最高长官之职被授予给埃米尔亚基·思彦。

虽然马立克沙改变了上述地区的政治体制，但是在塞尔柱人几年统治期内，这里的人口结构并没有发生根本的改变。许多地区中占人口比例最大的，依然是希腊人、叙利亚人和亚美尼亚人，而他们全部是基督徒。因此，他们中的许多人希望重回拜占庭的怀抱，或者对这种来自西方的十字军并无异议，因为人们认为他们在许多方面都是拜占庭皇帝的盟友。有着特别意义的是那些对自己昔日的伟大历史感到扬扬自得的亚美尼亚人，他们这时已经开始憎恨拜占庭人，因为自皇帝巴西尔二世（976—1025 年亲政）开始，拜占庭人就在很大程度上夺走了亚美尼亚人的独立性，并迫使他们接受拜占庭的宗主地位。因此，亚美尼亚人认为自己受到了来自拜占庭人和塞尔柱人双方的同样欺压。

上述种种带来的结果是，叙利亚北部和美索不达米亚北部土生土长的信仰基督教的居民，总体上没有遭到十字军的迫害，所以他们只在很有限的程度上将十字军看作外来的可憎侵略者和征服者。而这应当正是在整个十字军东征时期，以穆斯林人为主的叙利亚中南部或巴勒斯坦地区的居民的感受，他们不仅受到压迫，甚至还成了大屠杀的受害者。从中长期的角度来看，上述针对基督教居民的情况产生的结果是，这些征服者在当地建立和巩固其政权——埃德萨伯国和安条克公国——时遇到的阻力不大，而且在它们的存续期间也得到了居民们较为广泛的接受。

因此，在十字军逼近安条克城时，城郊的一些地方就发生过几次当地基督徒集体迫害穆斯林居民的事件，而规模较小的塞尔柱人驻军则遭到了屠杀。这些暴行和独立企图也得归因于在十字军出现时马立克沙建立起的秩序已然成了过去时的情况。那个在一位强大的苏丹统治下的统一的塞尔柱国已经形同虚设。许多地方的酋长互相猜忌，甚至公开发生冲突，他们还成功地或多或少地摆脱了巴格达的控制，比如阿勒颇的利得宛（1095—1113 年在位）或大马士革的杜卡克（1095—1114 年在位），他们两个都是马立克沙的兄弟突图什的儿子。这种不统一的状况造成的一个后果是，对于被他们错误判断并完全低估了的十字军，他们做出的只是漫不经心的、迟缓的，更糟的是不团结的反应。

当十字军大军聚集在安条克城外时，他们首先商讨了下一步的行动。图卢兹的伯爵雷蒙德赞成立即发起猛攻，这种方式或许会因其出其不意而有成功的可能，但他的建议并没有得到认可。虽然将这样一座大城市整个包围起来根本没有可能，他们还是开始了漫长的、一直持续到下一年6月的围城战。

当冬季伴随着寒冷和降雨来临时，一场严重的粮荒出现了，而且随着时间的推移，情况变得越来越危急。许多人死于饥饿，尤其是那些无力购买因通货膨胀而价格飙升的食物的穷人。由于这种情势，当时甚至出现了人吃人的事件。因为城市的周边不再能够提供食物和饲料，所以为了部队的粮草供给，人们不得不向乡村不断推进。然而，不仅饥饿和疾病造成了人员的损失，私自脱离军队的情况也不断增加，再加上持续的战斗也使人马损失惨重。受围的塞尔柱人一次又一次地发起针对十字军的突围行动，而这些十字军被塞尔柱人称为"法兰克人"，正如阿基勒斯的雷蒙德在这一点上颇有意味地编入他的著作中那样。为此，他使用的正是 al-franğ 或 al-ifranğ（法兰克人）的概念，而这个概念在很早以前就被引入了阿拉伯语，并被用来称呼欧洲人。因此，这一古老概念在现代研究中也具有重要意义。此外，围城者们还必须面对两次对他们来说很危险的、由穆斯林首领组织的解围尝试。尽管在兵力上处于劣势，十字军还是成功地在 1097 年 12 月击败了一支敌方从大马士革搬来的援军，又在 1098 年 2 月击溃了一支由阿勒颇的利得宛派出的增援部队。关于这些战役，我们仍要感谢阿基勒斯的雷蒙德所提供的颇有价值的说明，他指出，这些穆斯林自始至终都只运用他们那种成熟有效的战术，这种战术旨在让那些只配备有轻型武装的骑兵首先避免与敌人进行一对一的战斗，将敌人包围起来，并持续地用弓箭削弱他们，然后才与他们进行近身肉搏战。

不过，这些胜利并没有改变十字军一方的糟糕局面。安条克城既没能用猛攻，也没能用围城的方式被攻占下来。最终博希蒙德献出了一条诡计，而他献计的条件则是作为对他的动议的奖赏，人们要将这座城市交付给他。在一名长久以来与这里的穆斯林酋长保持联系的叛变者的帮助下，十字军得以在 1098 年 6 月 3 日侵入城中，震惊的城防驻军和居民们被大肆斩杀，城市也被疯狂的征服者洗劫一空，安条克又成了一座"基督教"的城市。而将此城归还给拜占庭皇帝之事，仍是无从提起。

然而，十字军却无法长期地享受他们这个血腥的胜利果实。埃米尔卡尔布扎从摩苏尔率领着一支塞尔柱人的大军赶来，筋疲力尽的十字军不敢在正面战场迎击这支军队，他们转而在安条克的坚固城墙后面筑起工事设防，之前的围城者现在变成了被围者。这时，一个名叫彼得·巴尔多禄茂的人，在6月14日于圣彼得主教堂[①]中发现了那支所谓的圣矛，它被认为就是当时刺入受钉者耶稣体内的那只。按照这位彼得的说法，圣安德烈[②]曾在夜间向他显现，为他指示了矛所在的正确位置。这一事件在当时一定被看作一个表明上帝支持的不容误解的征兆。虽然勒皮的主教阿德玛尔并没有对此事的可信度加以肯定，但这个"神迹"仍使基督徒军队的军心大振。在如此非凡的神圣支持的鼓舞下，十字军成功地在6月28日突围了出去，并击败了远远处于优势的卡尔布扎的军队。这位埃米尔虽是身经百战，但在当天他的作战指挥能力却完全没有发挥出来。而且，他还被盟友们卑劣地抛弃，这些盟友因为他的强大权势而不信任他，因而只是不情愿地为他提供了援助，像从大马士革来的埃米尔杜卡克。其结果是，卡尔布扎一败涂地，不得不溃逃。十字军赢得了一场完胜，那些被丢弃的遗留在敌方阵营中的大量战利品，也落入了他们手中。从这时起，没有人再敢在这些欧洲人去往耶路撒冷的路上阻拦他们了。

---

① 这座圣彼得教堂位于安条克城中。——译者注

② 圣安德烈是耶稣的十二使徒之一。——译者注

但他们暂时还无法继续行军，因为军队已经疲惫不堪，因此人们决定等到冬季再继续前进。不过在此期间，他们仍然进行了一些小型的征服行动。10月中旬，巴拉①被攻占下来。虽然这座城市不战而降，但城中的穆斯林居民还是没能避免被杀或被贩卖为奴的命运。最后，这座城市还被委派了一位拉丁主教，由此奠定了在十字军国家中建立非东正教教会组织的基石。在征服巴拉之后的12月，下一个受害者出现在迈阿赖努阿曼②，在那里十字军再次展开了屠杀。据当时不在现场的编年史学家亚琛的阿尔伯特的描写，当时饥饿的十字军出于物资的匮乏，再次犯下了人吃人的恶行。

在这期间，勒皮的主教阿德玛尔已于1098年的8月1日被一场在安条克附近肆虐的瘟疫夺去了生命。随着这位教皇使节的离世，人们失去了一位能够平衡各方的人物，因为他总是能为了全局的利益说服那些经常闹翻的王侯们做出让步。他去世后，各方利益冲突不断激化，尤其在诺曼人和普罗旺斯人之间。博希蒙德不想

①　巴拉位于今叙利亚的西北，是拜占庭早期的大城市，1148年被努尔丁最终占领，稍后经历两次地震，从此一蹶不振。——译者注

②　迈阿赖努阿曼城位于今叙利亚的西北部。——译者注

81

离开他的安条克城，但部队中的大部分人都坚持继续前进，并任命图卢兹的雷蒙德为统领。1 月 13 日，十字军终于从迈阿赖努阿曼启程，向耶路撒冷进发。在此过程中，图卢兹的雷蒙德身着朝圣者的装束，赤脚徒步行进了一段路程。据约翰·弗朗斯的保守估算，他们的军队这时已减至大约 14 000 名有战斗力的兵士，其中包括约 1 500 名骑士。对于非战斗人员的数量，虽然只能提供出个大概的数字，但他们中的实际损失很可能会更大。

不过，雷蒙德并没有和整支队伍一起启程。博希蒙德执意留在安条克，而布永的戈弗雷和弗兰德的伯爵罗伯特认为，听命于雷蒙德与他们的地位不符。但之后，他们仍跟了上来，并在途中再次加入了主力军，路过晒萨尔①和哈马，十字军首先开赴拉法尼亚②。

在那里,他们转向海岸的方向,沿途经过的黎波里③、

---

① 晒萨尔位于今叙利亚的西北部，在中世纪时曾是一座拥有要塞的城市。——译者注

② 拉法尼亚城位于今叙利亚的西部。——译者注

③ 此的黎波里城位于今黎巴嫩北部的地中海沿岸，与今利比亚首都的黎波里同名。——译者注

贝鲁特①、阿卡②和凯撒莱亚向阿尔苏夫③推进，从那里他们再次转向内陆。那些较弱小的穆斯林领主们，考虑到自己在政治和军事上的弱势，纷纷急忙宣布中立并用高价赎回自己的自由。哈马、霍姆斯，甚至大马士革的王侯，都因在安条克城下得到的教训，不再参与任何战斗。也许这些伊斯兰逊尼派的酋长们，甚至想看到进军巴勒斯坦的十字军，深入那些被他们憎恨的什叶派的法蒂玛人的领土上。因此十字军在未受阻碍的情况下，于1099年6月7日到达了圣城脚下。

这时，耶路撒冷城因其天然的地形条件、环城的城墙和壁垒森严的城塞，依然是一座令人赞叹的城市，尤其它还是一座坚固的要塞。即便如此，11世纪时，昔日它在古希腊罗马晚期和倭马亚王朝时期的光辉已然暗淡了许多。在法蒂玛人统治时，位处沿海、气候更为有利的拉姆拉④成了巴勒斯坦的行政中心，阿卡成

① 贝鲁特是今黎巴嫩的首都，位于该国中西部地中海沿岸。——译者注

② 阿卡位于今以色列的北部，位处地中海沿岸。——译者注

③ 阿尔苏夫位于今以色列的西北部，位处地中海沿岸，距离特拉维夫约15公里。——译者注

④ 拉姆拉位于今以色列的中西部，耶路撒冷以西。——译者注

为他们最重要的军事基地,这些自然也不是偶然发生的。

虽然对于伊斯兰教而言,耶路撒冷也是一个圣地,但这并不表示在 1099 年时,这座城市在中东就被赋予了特别突出的地位——这时麦加或麦地那的重要性也同样不高。而人口多出许多的大都市开罗、大马士革和巴格达,则在政治、经济和文化上起着重要得多的作用。耶路撒冷在接下来的两个世纪中——在某些方面直到今天——所拥有的突出的重要性,是通过 1099 年 7 月 15 日这天发生的事情而得来的。在这一天,十字军为基督教世界攻占了这座城市。

十字军沉浸在终于到达长途行军目的地的完全的宗教狂喜之中,于 6 月 13 日——他们到达这里还不到一个星期后——就匆匆发起了他们的第一次猛攻。这次进攻以可悲的失败告终,因为他们还没有足够的云梯等攻城器械。一支拥有六艘主要来自热那亚①的船只的基督教方面的小型舰队带来了这方面的补救物资,它们在 6 月 17 日驶入雅法②的港口。这支舰队载有用于制造攻

---

① 热那亚是位于意大利西北部的港口城市,中世纪时发展成为强大的海上共和国。——译者注

② 雅法是位于今以色列西部地中海沿岸的古老港口,20 世纪初,从它的基础上发展出了现今的特拉维夫市。——译者注

城器械的重要材料，如绳索、钉子之类。而所需的木材则必须从更远的地方，即撒玛利亚附近的当时还存在的森林那里运来。因此，攻城器械的制造进展缓慢，而军队则开始受到夏日的酷暑和缺水的折磨。听闻基督徒的军队正在逼近的消息，法蒂玛一方的城市警备司令官进行了战略上明智的部署，他不仅令耶路撒冷进入防御状态，还下令破坏了周边的水井和水源。当人们听说一支为解城市之围而从埃及赶来的军队将要到达时，形势进一步严峻。正如在安条克发生过的那样，在这种情况下，上天的力量再次参与了进来。一个名叫彼得·德兹得利乌斯的人接收到了一个显圣的幻象，按照其中发出的指示，整个军队禁食了一周，然后以净化了的、充满热忱的心——在守城者们因这种奇特场面感到惊奇而发出的嘲讽下——进行了一场赤脚环绕城墙的游行。随后，军队聚集在橄榄山上，在那里虔诚地聆听了隐修士彼得和其他布道者鼓舞人心的演说。

在五周左右资源异常匮乏的围城之后，7 月 13 日深夜，准备妥当的进攻开始了。守城者投入了投石机和希腊火炮，在他们不断的弹箭齐发中，十字军在次日尝试着将城墙外的壕沟填平，以使他们的攻城塔能够靠近墙身。星期五，也就是 1099 年 7 月 15 日——耶稣派遣使徒传教节的这天，如基督教一方的编年史学家们所特别强调的——布永的戈弗雷的兵士们成功地将一座攻城塔放置得让人们可以在其上架起一座通往墙头的桥。戈弗雷和洛林的士兵们冲上城墙，坦克雷德和他的人紧随其后，其他人这时也成功地通过攻城云梯登上城头。军队的剩余部分人员在"上帝助我！"（adiuva Deus）的呐喊声中，从一扇这时已从里面打开的城门鱼贯涌入，砍杀一切阻挡在他们面前的事物。大规模的恐慌此时蔓延开来，使防守总体发生了崩溃，但这并不意味着穆斯林们全部像无抵抗能力的羔羊一样任人宰割。与通常人们的看法相反，零星的埃及部队似乎还与征服者们发生了激战，这至少与那位所谓的无名作者和阿基勒斯的雷蒙德所作出的描述相接近。法蒂玛一方的总督依夫提卡尔·阿道拉，在城市攻坚战开始后不久，就进入了更易防御的城塞——大卫塔——中，在那里筑工事防守。当他判定这场战争显然失败之后，便开始进行谈判。以他们自行撤兵为条件，他向图卢兹的雷蒙德投降，而后者借此在没有进行战斗又未损一兵半卒的情况下，将这座重要的要塞囊入怀中。依夫提卡尔·阿道拉和他的人得以未受阻碍地离开城市，并撒向亚实基伦^①。

在此期间，对穆斯林和犹太人的屠杀正在大肆进行。十字军为了在他们沾满鲜血的所作所为还没完成之前，作为虔诚的朝圣者到达圣墓进行感恩祈祷，边杀边抢地穿过城市。耶路撒冷城中犹太人的命运也同样悲惨，许多人可能在战乱中被无辜地屠杀，他们中的一部分——尽管不是全部，如编年史学家伊本·卡兰尼西所暗示的——在一座犹太教堂中被烧死，而剩余的一小部分用金钱赎回了性命。此外，十字军还证明了自己十分擅长经营，他们没有毁坏犹太图书馆，而是将三百多部手抄本和八个托拉（犹太经书）卷轴卖给了亚实基伦的犹太人，而这些犹太人也为他们在耶路撒冷的教友们筹集了赎金。

第一次十字军东征就这样结束了。对于基督徒一方而言，它是最成功、最重要的一次，但也是后果最严重的一次。

我们不清楚在 1099 年 7 月耶路撒冷有多少人口，也不清楚当时被杀害的穆斯林的人数。拉丁语和阿拉伯语史料所提供的关于这方面的信息，都是模糊、不可靠且可能不切合实际的，而希伯来语的资料中完全没有给

---

① 亚实基伦位于今以色列中部地中海沿岸，雅法以南。——译者注

出任何数字。完全不可信的是如由伊本·阿提尔（1160—1233）所宣称的，在阿克萨清真寺就有 7 万人被杀。抛开伊本·阿提尔的这部关于第一次东征的记述只能部分地被视为第一手资料不提，他之前所写的反对法兰克人、煽动圣战（ǧihād）的手稿中，就已经记录着几乎可以确定是被他夸大了的数字。更加接近事件原貌的伊本·卡兰尼斯（1073—1160）的记载，则只给出了"许多人被杀"的说法。而大多数西方的编年史学家也同样没有给出确定的数字。除了沙特尔的富尔彻给出了一个虽然不一定正确，但还属可能范围之内的 1 万被杀者的数据之外，其他作者通常只用如"非常大的数字"之类的文字进行表述，或者仅说十字军杀死了"所有的穆斯林"。

虽然最后一种说法被引入了如汉斯·埃伯哈德·迈耶和史蒂芬·朗西曼所著的权威著作，但至少对于 7 月 15、16 日的血洗来说，它不可能是正确的。因为毕竟那位作为战争目击者的《法兰克人的功业》的无名作者，谈及幸存的穆斯林（vivi Sarazeni）在第二天不得不将被杀者的尸体堆成尸堆焚化。即使人们相信那位毫无疑问不在场的亚琛的阿尔伯特的描述，那么按他的说法，三天后又发生了第二次大屠杀（这也就意味着，在城市被攻占之后，肯定仍有幸存者存在），那么将耶路撒冷的穆斯林完全斩尽杀绝也就不大可能是真实的了。

但这并不表示，那场血洗以及连带发生的无节制的暴力行为，没有大致上如那些基督徒目击者们所描述的那样发生过。而这些描述的可信度，也不能因卡斯帕·埃尔姆（Kaspar Elm）提出的证据而动摇或相对化。这位学者指出，这些描述在文学及修辞风格上，因循了圣经旧约经文或约瑟夫·弗拉维和他对提图斯的军团攻占耶路撒冷的描写的文风。这种已具影响力的文体语句的使用——尤其是由那些通常是在修道院中接受教育的作家来使用——更多的是当时一种相当普遍的修辞手法，并不一定说明用这种语言形式表达出来的内容就一定失去了其价值。

同时还必须强调，与约翰·弗朗斯和其他人所持的观点相反，这场屠杀和十字军的其他暴行很可能已经大大超出了战争中的通常范畴。否则，就无法解释由此产生的对同时代人的极其严重的影响，即便人们将这一地点的特殊神圣和十字军对它进行的亵渎与污辱的因素也考虑进来。而且只有如此，才能解释为什么1099年攻占耶路撒冷事件能够作为一个创伤性经历深深地烙印在了伊斯兰世界的集体记忆中，并成为十字军和穆斯林之间，或者说基督教和伊斯兰教之间争斗的象征。

第五章

周旋于政治实用主义和圣战之间：
十字军国家的历史（1099—1291）

十字军和他们的穆斯林邻居

　　教皇乌尔班二世还未曾获悉十字军第一次东征的结果，就于 1099 年 7 月 29 日逝世了。不过以他的视角而言，他应该会对这个结果感到满意。从西方基督教世界的角度来看，他在克勒芒发起的行动的结果绝对是令人惊叹的。十字军多次击败安纳托利亚的塞尔柱人，收复了拜占庭帝国失去的疆土，攻占了安条克，并将圣城耶路撒冷从异教徒的手中夺回。

　　不过，第一次东征成功的很大原因并不在于基督徒征服者在军事技术方面有多大的优势，而是其受到宗教狂热影响的战斗方式，最主要的还是在于被攻击一方不充分的防御准备。然而，这也恰恰是 11、12 世纪之交伊斯兰世界在政治和宗教方面不和睦的结果。

到此为止，在中东的政治版图中起决定性作用的强权国家是法蒂玛和塞尔柱两大帝国。这二者不仅因权力政治上的竞争，也因激烈的宗教上的对立，成为势不两立的对手。对于在伊斯法罕和巴格达行使统治权的逊尼派的塞尔柱王朝来说，居住在开罗的什叶派的法蒂玛王朝是令人憎恶的异端，为了正统伊斯兰教的利益，人们必须与之作斗争。而法蒂玛王朝则因穆罕默德的女儿法蒂玛，自认是依照王朝统治原则承袭而来的先知的真正继承人。

但在十字军第一次东征前夕，大塞尔柱王朝同法蒂玛王朝一样，权力已过巅峰期，而且帝国已被严重的内部危机所动摇。1094 年，最后一位重要的法蒂玛王朝的哈里发慕斯坦绥尔去世，他的继任者们则大都是那些野心勃勃的总理大臣们手中的棋子，内战和瘟疫也肆虐在尼罗河附近富饶的土地上。大塞尔柱帝国的情况也好不了太多。1092 年，杰出的政治家、总理大臣尼扎姆·穆尔克遭一名什叶派的狂热分子刺杀。两个月后，他的主君马立克沙——最后一位卓越的塞尔柱苏丹——也离世了。

马立克沙的儿子巴尔基雅鲁克直到 1105 年去世，都在与他的兄弟及继任者穆罕默德·塔帕尔（1105—1118 年在位）为了王位进行血腥的争斗。这些斗争的主要发生地，即这两位竞争对手的关注点，是中亚和伊朗。因此，虽然巴勒斯坦和叙利亚也一直受到特别的关注，按照传统，法蒂玛和塞尔柱王朝的势力范围正是在这里发生碰撞的，但它们此时在很大程度上淡出了双方的视野。此外，苏丹巴尔基雅鲁克的舅父突图什的两个儿子统治着大马士革和阿勒颇，而巴尔基雅鲁克与这两个人的关系并不好。因此，巴尔基雅鲁克就认为，他没有任何使用武力介入叙利亚和巴勒斯坦的动机——当开罗实际的统治者、法蒂玛王朝的总理大臣阿弗达尔利用塞尔柱王朝的局势，在 1097 年征服泰尔①，以及在 1098 年征服耶路撒冷时。当十字军出现时，亦是如此。对于只追求权力的苏丹巴尔基雅鲁克来说，叙利亚和有着圣城耶路撒冷的巴勒斯坦，以及有效地迎击十字军这些事，都成为毫无吸引力的外围事物和政治上的次要地点。

---

① 泰尔城位于今黎巴嫩南部的地中海沿岸。——译者注

除此以外，可能还需考虑到的是，在伊斯法罕和巴格达以及其他地方的人，最初没有将十字军看作一支独立行动的、新生的、具有威胁的力量，仅将其视为拜占庭的援助部队和雇佣军，而伊斯兰世界与这两者已经打了几个世纪的交道和战争。而且，教皇在克勒芒发出号召的消息也许就没有传到东方。因此，开罗人之所以没弄清十字军的真正意图和他们的身份，以及总理大臣阿弗达尔起初甚至还抱有与十字军结盟共同对抗塞尔柱人的希望，就不足为奇了。

鉴于这种情况，也就不会令人诧异为什么穆斯林的知识分子，如大马士革的苏拉米（1039—1106）和伊本·哈雅特（1058—1123）在对当时的政治状况做出正确的评估时，谴责那些穆斯林首领之间的不和，正是这些不和让那些"法兰克人——愿安拉毁灭他们！"征服伊斯兰土地的行动成为可能。同时，苏拉米将法兰克人入侵叙利亚、西西里岛被诺曼人征服以及西班牙的收复失地运动联系起来，用这种方式，他发出了针对基督教对伊斯兰世界在全球范围内所造成的有目共睹的威胁这一危机，穆斯林必须运用他们拥有的一切手段进行反击的号召。借助这一号召，苏拉米成了12世纪中叶圣战思想重生的精神之父。这一思想又为赞吉、努尔丁和萨拉丁等人统一伊斯兰世界，并成功地在战场上对抗那些被苏拉米轻蔑地形容为多神教徒（mušrikūn）的法兰克人，提供了意识形态上的工具。

而十字军在攻克耶路撒冷之后，则认为有必要先清除他们那些骇人听闻的暴行的痕迹。堆积如山的尸体必须尽快处理，因为在炎炎夏日尸体很容易诱发瘟疫。在分配完战利品之后，还要建立世俗和宗教的组织和管理机构，并安排人员上任。首先，他们请强大的图卢兹伯爵接受王冠，但雷蒙德却以不想在耶稣之城中当国王为由予以拒绝。之后，经过一个具体参会成员不详的选举团协商之后，布永的戈弗雷当选，但他也拒绝接受加冕，而是接受了"圣墓守护者"（advocatus sancti sepulchri）这一头衔。

戈弗雷的统治区域，最初仅仅覆盖——从此禁止犹太人和穆斯林居住——圣城、港口城市雅法、卢德①、拉姆拉、伯利恒②和希伯伦③，这些领地仍在埃及法蒂

---

① 卢德位于今以色列的中部，雅法与耶路撒冷之间。——译者注

② 伯利恒位于今巴勒斯坦的南部，耶路撒冷以南10公里，是耶稣的出生地。——译者注

③ 希伯伦位于今巴勒斯坦的中部，由于此城与亚伯拉罕有关，所以是犹太教、基督教和伊斯兰教共同的圣地。

玛王朝统治下的沿海地带，与同样在埃及人手中的约旦河东岸地区分隔开。因此，对于戈弗雷他们来说，首要问题就是，防备埃及人再将十字军从已经占领了的地区中驱逐出去。开罗方面其实并不愿看到十字军在没有遇到任何抵抗的情况下就占领耶路撒冷和其他城乡地区。因此，1099 年 8 月，法蒂玛王朝的总理大臣阿弗达尔就率领一支庞大的军队奔赴巴勒斯坦。不过，在 8 月 12 日，这支部队在拉姆拉附近被只有几百人的十字军杀了个措手不及、歼灭殆尽。而且，埃及其他方面的这类尝试也均以失败告终。

这样，对圣地的占有权暂时得到了保证。因而诺曼底大公罗伯特二世和弗兰德伯爵罗伯特决定，在他们的东征誓言以这种方式圆满实现之后，返回家乡。他们于 1099 年 9 月初启程，图卢兹的雷蒙德也加入了他们，因为雷蒙德认为自己受到布永的戈弗雷的冷落和排挤。雷蒙德首先转向北边，在拜占庭舰队的援助和皇帝的支持下，将他的竞争对手博希蒙德从重要的港口城市拉塔基亚①赶了出去。但他没能长久地坚守住，因此后来他又往南，向的黎波里地区移动。

---

① 拉塔基亚位于今叙利亚的西部，地中海沿岸。——译者注

这条沿岸地带如同一枚楔子，直插在由博希蒙德创建的安条克公国和法兰克人在巴勒斯坦的领地之间，由阿拉伯的巴努·阿玛尔家族统治。如今，即便他们的酋长及氏族家长法赫尔·穆尔克是个主张和平的人，在十字军推进时宣布中立并用金钱来赎买自由，也都无济于事。这时雷蒙德心意已决，要在东方建立起自己的政权，一步步地征服了的黎波里周围的城镇和村庄。不过，的黎波里城还没攻占下，他就于1105年2月去世了。直到1109年7月，他的儿子贝特朗也来到了东方，联合其他十字军诸侯，在一支热那亚舰队的支援下征服了该城。但城中那座属于修养极高的巴努·阿玛尔的远近闻名的图书馆，却在此过程中毁之一炬。以的黎波里伯爵的头衔，贝特朗建立了近东的第四个十字军政权，它同样不隶属拜占庭皇帝，而是隶属耶路撒冷的统治者。

在耶路撒冷，布永的戈弗雷已于1100年7月18日去世。得知这个消息，布洛涅的鲍德温将埃德萨伯国的土地分封给了他的堂兄弟布尔克的鲍德温，自己则为了接替兄弟的位置而急忙赶往圣城。首先，他成功地驳回了耶路撒冷第一任拉丁主教——比萨的戴姆伯特（1099—1102年在位）——提出的一些超出常规的要求，并在与昔日战友坦克雷德的对抗中胜出，而后者在此期间也在加利利攻占下了一个侯国。较之其兄弟戈弗雷，鲍德温则有较少的顾忌和羁绊，他于 1100 年圣诞节当天在伯利恒的圣诞教堂内接受加冕。作为鲍德温一世（1100—1118 年在位），他成了耶路撒冷王国的真正奠基者。

借着旺盛的精力，鲍德温着手拓展自己的领土并巩固其权力基础。他于 1102 年征服了沿海城市阿尔苏夫和凯撒莱亚，1104 年征服了阿卡，又于 1110 年征服了贝鲁特和西顿①。由于十字军不管是这时还是之后，都不曾拥有属于自己的像样的舰队，所以由比萨、威尼斯和热那亚这几个沿海城市提供的海上支援，是至关重要的。不过这些长于经济又关注自身利益的意大利人，在这里如同在其他地方一样，不仅用他们提供的帮助换取到宝贵的贸易特权，甚至还换取到整片城区。随着时间的推移，由这种结构发展出了对十字军政权构成威胁的、起到离心作用的力量。不过，鲍德温还是借助对几座近东沿海城市的征服，打开了一扇通往西方的大门。现在，十字军、朝圣者，尤其是这里急需的欧洲移民，就可以绕过那条漫长且危险的、横穿安纳托利亚的陆路，取道

---

① 西顿位于今黎巴嫩的南部，地中海沿岸，泰尔与贝鲁特之间。——译者注

便捷的海路了。与此同时，这些港口城市，尤其是阿卡，迅速成了蓬勃发展的经济中心。通过它们，能为所有参与者带来极高的利润，东方与欧洲之间的贸易也得以展开。

但鲍德温的关注点并不局限于沿海城市，他还着眼于约旦河对岸的地区。这一地区被称为"约旦河另一岸的土地"（Terre Oultre Le Jourdain）①，即等同于现在的约旦王国。他非常清楚那片土地的战略意义，只要他还没控制这一地区，他在巴勒斯坦的统治就会不断受到来自内盖夫沙漠地区的威胁。此外，这一区域还起着埃及和叙利亚之间的桥头堡作用。借助 1107 年的首次进攻，鲍德温已经推进至摩西谷②附近的、纳巴泰人的古城佩特拉。怀着在此期间形成的、有必要长期控制该地区的坚定信念，他于 1115 年再次入侵约旦南部，他从希伯伦出发，沿着红海挺进至阿拉伯谷③。在该地区为数不多的几处肥沃土地之一的绍巴克，他下令在一座高耸的岩脊上建一座巨大的城堡，并将之命名为蒙特利尔堡。这座在当时配备有一支装备精良的部队的堡垒，成了十

——————————

① 即约旦河东岸地区。——译者注
② 摩西谷位于今约旦南部，古城佩特拉附近。——译者注
③ 阿拉伯谷是位于今以色列和约旦之间的一条谷地，北接死海，南至红海的亚喀巴湾和埃拉特湾。——译者注

字军在约旦境内的第一个主要军事基地，从这里他们能够很好地控制周边的地区。

第二年——1116 年，鲍德温再次出现在军队的前锋位置，这次他带领这支队伍进一步向西，穿过阿拉伯谷推进至红海的北端。在这里，他征服了小城亚喀巴[①]（十字军称其为艾拉或艾林），并兴建了一座城塞来保障其安全。借助亚喀巴和绍巴克（蒙特利尔堡）的防御工事，十字军从这时起更进一步地控制了埃及、汉志[②]与大马士革之间的重要通道。由此，他们不仅能够不受干扰地掠夺穆斯林商队，还阻断了法蒂玛王朝对伊斯兰世界北部、埃及对叙利亚的控制。此外，法蒂玛王朝经阿拉伯谷向北输送军队，从背后打击巴勒斯坦的十字军的可能性从此不复存在。国王鲍德温将这片征服下来并建立了安全保障的地区，分封给了一个叫勒皮的罗曼的人，此后他自称蒙特利尔之主。十字军在此地如同在约旦河东岸一样——在东岸几年后又建起了雄伟的卡拉克要塞——为了达到更好的控制和防御目的，他们在所有

① 亚喀巴位于今约旦南部，红海亚喀巴湾的尽头。——译者注

② 汉志又译希贾兹，是位于沙特阿拉伯西部的一个地区、伊斯兰教的发祥地，境内有麦加和麦地那两座伊斯兰教圣城。——译者注

征服下来的领土上都建立了稠密的城堡网，譬如闻名于世的叙利亚骑士堡。

由鲍德温建立的耶路撒冷王国在 12 世纪中叶疆域最为辽阔，内陆涵盖了从亚喀巴湾至死海，并从那里沿约旦河向北至加利利海地区。海岸线则从加沙南部一直延伸至贝鲁特。

这里的统治和社会制度在很大程度上沿袭了欧洲的模式，不过也有一些显著的差异。处于受封建制结构影响的社会金字塔顶端的是国王，他的权力——至少在初期——并不像早期研究中所认为的那样有很大的局限性。那些重要的国王领地——其中包括能带来丰厚利润的港口城市泰尔和阿卡——比他的那些附庸们的领地要大得多，从而构成了他权力基础的一个重要组成部分。被称为高等议院（Haute Cour）的国王附庸大会，负责协助国王，并有给他建议和帮助的义务。由于局限于土地的采邑不足，所以为保障对附庸们的供给，加入了大量金钱和息金形式的采邑。当时的可观收益来自对各繁荣城市中商业和贸易所征收的税。此外，还有对农村征收的纳租的附加税。另外，鉴于伊斯兰的官僚体制和财政管理的高效率，人们在很大程度上保留了它们当初的形制，只是"将它们置于封建统治结构的屋顶之下"，不过"在这个层面上……只有拉丁基督徒的身影（出现）"（乔纳森·莱利－史密斯）。

　　像前面已经指出的，在安条克公国和埃德萨伯国，东方基督徒、希腊人和亚美尼亚人占人口比例的很大一部分，甚至是主要部分，但耶路撒冷王国的情况则不同，在那里居住的大多是穆斯林。由于拉丁语、古法语和阿拉伯语的文献资料都没能对当时的人口数量提供准确的信息，所以对这个问题，我们在很大程度上只能推测，而推测必然会带有显著的不确定性。约书亚·普劳尔（Joshua Prawer）和汉斯·埃伯哈德·迈耶对此问题的考据，可靠性相对较高。按照他们的估算，约在1180年耶路撒冷王国的人口达到高峰，那里居住大约10万到12万欧洲人，其中大多数住在城市：约4万人居住在阿卡，3万人在耶路撒冷，2.5万至3万人在泰尔。与他们相对的是，由众多的东方基督徒和穆斯林组成的土著居民群体，他们的数量据估计约有30万至36万人，而其中约有25万人住在乡下。这也解释了为什么13世纪当法兰克人仅占据着狭长的沿海地带，王国中穆斯林人口的比例发生了急剧的下降。在城市中，不同的族群和宗教群体生活在相互隔离的居住区中，在乡村中同样也没有混居的居住区。也就是说，在一些村庄中只居住着基督徒，在另一些村庄中则只住着穆斯林。这些农村人口，无论他们的信仰如何，都被严格地束缚在所属的土地上。

乡村中的地主则全部是外来的法兰克征服者，他们比起当地的居民在社会和法律层面上地位明显更高，而且与后者有着清晰的界限。当时也有个别东方基督徒在十字军出现时，出于希冀更好的社会地位，欢迎并支持了他们，但他们很快就对形势有了更好的——或者说更糟的——领悟。虽然在十字军的征服阶段，作为基督徒，他们没有成为大屠杀的牺牲品——尽管，十字军是否总能知道如何，以及用什么来区分当地的基督徒和穆斯林还是个问题——但还远远谈不上，在法律和社会上与来自欧洲的基督教兄弟得到平等的待遇。像玛丽-路易丝·法弗洛-利力（Marie-Luise Favreau-Lilie）所强调的，法兰克人的统治阶层从来没有在任何一个时刻对东方基督徒的平等权益感兴趣过，后者被他们视为与其他当地人一样的被征服者。

耶路撒冷王国中穆斯林的情况则更加不好，即便是那些在征服期间或之后没有被贩卖为奴隶的穆斯林也同样如此。不过必须确定的是，除了征服阶段的大屠杀外，十字军并没有对穆斯林进行有计划的迫害或驱逐。

因为从失去了居民的城市和无人的村庄中无法获得任何好处，所以他们很快就明白过来，他们需要这些臣服的穆斯林来经营被征服的地区。此外，这些人所支付的税租和人头税，也是他们重要的收入来源，这些赋税给穆斯林们带来了沉重的负担。特别是人头税，还意味着一种额外的侮辱，因为这一税项在伊斯兰统治时期是被豁免的。此外，还有法庭上的不平等待遇——不过他们被允许以《古兰经》而不是以《圣经》的名义起誓——再加上严格的着装规定，借助这些规章制度，他们被有意识地在社会中隔离开。基督徒和穆斯林之间的性接触被严格禁止，触犯了这一法律的男性，无论是何种信仰，都面临着阉割的刑罚，女性则是削鼻。至于穆斯林在他们的隔离区中，在何种程度上被允许在清真寺中进行他们的宗教仪式——如果这些寺庙还没被改为教堂的话——的问题，由于文献资料极为稀少，而且往往还互相矛盾，很难做出确认，不过必须警惕将单个的证据普遍化的做法，当时明显存在着地方性的差异。像本杰明·Z. 基达（Benjamin Z. Kedar）就能证明，人们既掌握当时清真寺存在和被使用的个别例子，也掌握相反的案例。

最糟的情况发生在那些穆斯林奴隶身上，他们始终是受欢迎的劳动力，因为他们的价格便宜，而且在很大程度上没有任何人身权利。不过，由于按照当时的法律规定，如果一个奴隶皈依了基督教，就要还他自由之身，所以法兰克人的统治阶层对于传教的兴趣相当有限。

征服者和当地居民之间的另一个阻碍是语言障碍。虽然十字军在某些领域保留了高效的穆斯林管理机构，阿拉伯语言也作为公文语言被保留了下来，但他们自身却不使用这种语言。作为文书员和翻译，不论是在日常生活中，还是在与穆斯林首领的外交中，都会使用双语的抄写员和译员——他们主要是东方基督徒。除少数个例外，法兰克人从来没有掌握过阿拉伯语。同时，穆斯林基本上也对各种"法兰克语"的特用语感到陌生。这种情况不仅存在于耶路撒冷王国内的人际交往中，也普遍存在于穆斯林和十字军之间的各种联系和交流中，使其变得更加困难。

法兰克人信任当地医生高超的医术。因气候因素的影响，他们的衣着、饮食和生活习惯，其中也包括他们的居所和宫殿的部分豪华装饰都渐渐适应了周围的环境，但这绝不是文化融合的凭证，充其量只能证明是他们的一种纯粹外在的、仅仅流于表面的同化适应行为。在对伊斯兰文化不感兴趣的前提下，他们只接受了这里有着相对较高生活标准的东方环境中对他们有用的方面，并在这些方面适应了本地的做法。但他们对待本地居民的不宽容态度从没有改变过。

鉴于宗教、社会和法律上的这些歧视，也就不难理解为什么即便是在第一波流亡潮之后——此次流亡潮始于十字军的血腥征服，逃离者以穆斯林知识分子为主——还一再有穆斯林从法兰克人的统治区逃往伊斯兰领土。而没有更多的人选择背井离乡，已经是很让人惊讶了。对此，学术上给出的最有可能的原因是，这些穆斯林居民，尤其农村人与故土的关系紧密。另一种促使人们留下来的可能动机——如本杰明·Z.基达的一项全面的研究所展示的——可能在于，穆斯林地主有时会征收比十字军更高的地租，这样一来，逃亡者就无法改善自己的经济状况。但那种由大卫·E. P. 杰克逊（David E. P. Jackson）等人大力支持的解释，却不切合实际。按照他们的说法，巴勒斯坦的穆斯林无法将流亡看成是一种真正有出路的选择，因为除了一些阿拉伯小城镇之外，邻近的伊斯兰领土的统治者们都已不是本地人，而是库尔德人和突厥人。因此，他们至多也就是从一个外来者的统治中换到另一个人的统治中而已。

尽管这些学者对于种族上的归属感的质疑或许是正

确的，但这种质疑却忽略了一个重要因素，即这些首领及与他们一起进行统治的精英们全都是穆斯林的事实。因此，那些潜在的流亡者会逃往伊斯兰的领地。因为这很可能会使其法律地位得到提高，并且不再受到歧视。不过，杰克逊同时也指出了一个更为重要的事实。由于伊斯兰国家的政府结构的更迭，在这些国家中，自倭马亚王朝垮台之后，阿拉伯元素已经越来越多地被突厥和库尔德的高级军官们所抑制。所以仔细考虑，从中世纪鼎盛期起，就人种学的角度，我们就很难再称其为阿拉伯历史，而要称其为伊斯兰历史了。与从欧洲来的在东方始终保持外来人形象的十字军不同，库尔德人和从中亚移入的突厥人接受了几个世纪以来在中东影响巨大的伊斯兰教，将自己融入伊斯兰文化圈中——在这里阿拉伯语被当作《古兰经》和各类科学的语言——并在政治上也参与到这一文化圈中来。这些完成文化适应后的精英们，实际上成了与十字军进行最成功的战斗，并最终将他们驱逐出去的人。

但首先——不过后来也反复如此——十字军受益于穆斯林统治者之间的不和睦关系。在此期间，法兰克人由于他们的几次重大失利，失去了起初的无敌光环，如 1104 年在哈兰①和 1119 年在阿勒颇附近的"喋血地之战"(Ager Sanguinis) 的惨败。尽管如此，他们仍非常成功地保住了自己的地位。造成这种情况的一个重要原因是，那些穆斯林统领们所指挥的那些相当成功的战役，更多的是各方短期政治利益带来的结果，很少是出于共同而坚决的驱逐外来侵略者的意愿。他们更多的是忙于相互猜忌地观望，以及不安地考虑着权力的平衡。而十字军则充分地利用了这一情况，从而作为"渔翁得利者"成为中东政治和军事权力游戏中的一个固定组成部分。

这样，在 1108 年就形成了一个由摩苏尔的扎乌里·萨卡乌与埃德萨伯爵布尔克的鲍德温即后来的鲍德温二世结成的联盟，以便共同反对阿勒颇的利得宛及其盟友安条克的坦克雷德，不过后者由于巴希尔山战役的失利，没能长时间地与他们的两个敌手抗衡。同年年底，大马士革的图格塔金出于经济利益的考虑，与耶路撒冷国王鲍德温一世达成了六年的休战协议，后者则将这一时间用于诸如在约旦南部等其他军事活动上。同时，协议双方还同意共享从约旦河东岸的北部地区获得的利润。这一协议为众多类似的所谓共管合同提供

① 哈兰位于今土耳其的东南部。——译者注

107

了模本，在这些合同中基督徒和穆斯林的首领之间达成一致，在有争议的边境地区共享收入。13世纪，他们甚至还分摊司法管辖权。在所有这些方面面对理智的评估时，宗教上的对立显然退至次要位置。

此外，不仅在外交和政治舞台上，在对双方都有利可图的过境贸易领域中也出现了相互间暂时的联盟和达成一致的协议。在个人关系层面上，甚至也出现了十字军和穆斯林，尤其是上层成员间十分友好的接触，私人聚会和联合举办的狩猎和兵器演练活动都属此类接触。说起对于法兰克人和穆斯林之间和平交往的主要见证人，人们总会提到那位晒萨尔的埃米尔乌萨马·伊本·穆恩齐德（1095—1188），他在回忆录中用最生动有趣的方式，记录了这些超越了政治大事和军事事件的际会。不过对此还需注意的是，乌萨马·伊本·穆恩齐德从没让人怀疑过他认为他所属的文明高于法兰克人，而且始终将后者视为粗鲁的野蛮人及一个被诅咒的种族成员。由此看来，法兰克人和穆斯林之间的部分和平友善的接触，只不过是一种权宜之计。正如之后发生的各种事件所表明的那样，这并不意味着穆斯林曾真正地接受法兰克人和他们的统治并对其表示满意。

终结的起始：从赞吉到萨拉丁

在四个星期的围攻之后，塞尔柱突厥人的军事领袖和摩苏尔、阿勒颇的领主伊马德丁·赞吉成功地在1144 年的圣诞节前夜攻占了埃德萨。虽然赞吉立即制止了在占领后马上开始的屠杀行为，但仍让人将原本可以活着作为俘虏的法兰克人全部杀死，并将他们的妻女贩卖为奴，当地的基督徒得以幸免。埃德萨城的攻占和接下来瓜分埃德萨伯国引发了一系列连锁反应，它颇具冲击力地向伊斯兰世界展示了持久性地战胜外国侵略者并将其驱逐出去的可能性。

在其他十字军国家和欧洲一些国家，埃德萨陷落的消息就如同晴天霹雳。教皇恩仁三世（1145—1153 年在位）立即呼吁新一轮的十字军东征，然而回响却不强烈，没有像半个世纪前的克勒芒号召那样引发群众运动。随着时间的推移，一种较为冷静的考量已经形成。在恩仁三世的委托下，克莱沃修道院的院长伯纳德（1090—1153）为东征进行宣讲。他在宣讲时有意不面向普罗大众，而只面向王公和骑士们。在第一次东征中发生的那些过激的暴行，在他看来不应再度上演，并且对于再次迅速高涨的煽动屠杀犹太人的行为，他也立即设法阻止。

借助他在演说方面的说服力，最终成功地使法王路易七世（1137—1180 年在位）和德意志—罗马人民的国王康拉德三世（1138—1152 年在位），作为最高贵的参与者，加入了十字军东征。

而克莱沃修道院院长对十字军国家历史的突出意义，其实较少源自他为十字军东征进行的演说，更多地源自他在一定程度上所扮演的第一个教会骑士团——圣殿骑士团——"助产士"的角色。帕英的雨果带着对"基督的骑士"这一概念字面上的理解，于 1120 年在耶路撒冷创立了一个修会，在意识层面同时奉行修道士和武装抵抗异教徒战争的两种理想和生活方式。这个起初仅有数人的"教会骑士"团体的名称，源自他们位于所谓的所罗门圣殿（Templum Salomonis）的宿营地（今阿克萨清真寺），初期的首要任务是保护在圣地的手无寸铁的朝圣者免遭袭击。此后不久，圣殿骑士就开始积极参与十字军针对穆斯林的所有战斗行动。不久后，从一家由朝圣者收容院发展出来的医护骑士团（也称圣约翰骑士团），也是如此。圣殿骑士团的会规在 1129 年的特鲁瓦大公会议上得到了教皇的批准，不过对这一骑士团最重要的支持则来自克莱沃的伯纳德，他在《颂新成立之骑士团》（*Liber de laude novae militiae*）中盛赞圣殿骑士，因为他们摒弃一切骑士阶级贪图享乐和追逐名利的外在特征，献身于抗击敌人的救世主般的禁欲主义的战斗中。

从这时起，源源不断的人员流入，以及几乎从未中断过的来自西方的物质支持，使圣殿骑士团变得越发富有和强大，并且让他们有能力在一定程度上建起一支在对穆斯林的战争中发挥了重要作用的常备军，这是领先于其所处的时代的。其他的骑士团，如圣约翰骑士团和德意志骑士团，后来也都像这样迎头赶上。教皇恩仁三世授予圣殿骑士在他们白色长袍的左前胸处佩戴一个红色十字的权利，而圣殿骑士团可能也是自古希腊罗马时期以来第一支配备有统一制服的战斗部队。在十字军第二次东征期间，圣殿骑士团通过了他们的第一次试炼，当时130名骑士团成员帮助法国军队对抗塞尔柱人，并使这支军队在冬季穿越安纳托利亚的行军途中免遭覆灭。

但他们的影响力还不足以成功阻止第二次东征的参与者们做出的一个重大的错误决定。1148年春，路易七世和康拉德三世经过了在安纳托利亚的几次损失惨重的战役之后，与他们的残余部队及其他十字军成员抵达了巴勒斯坦。但这些刚抵达的成员与耶路撒冷国王鲍德温三世（1143—1163 年在位）及王国中的男爵们，不听安条克的侯爵雷蒙德提出的进军阿勒颇的明智建议，而是对富足的几乎近在咫尺的大马士革发起了进攻。

这不仅是一种政治上极其短视的行为，更是一种违约行为。因为出于对赞吉在叙利亚北部取得成功的震惊，在大马士革施行统治的白益王朝于 1139 年时曾与鲍德温的前任、耶路撒冷国王富尔克（1131—1143 年在位）建立了一个防御同盟。这一同盟在赞吉于 1146 年遇刺之后依然存续，因为赞吉的儿子努尔丁（1146—1174 年在位）继续成功地推行其父的扩张政策，并剥夺了叙利亚北部穆斯林首领们的独立性。而当 1148 年 7 月十字军的联合大军兵临大马士革城下之时，城里的人发现他们除了不情愿地向努尔丁求救外，别无他法。十字军在己方攻势停滞不前，又听闻努尔丁的援军正在赶来的路上时，就中断了这场徒劳无功的围城战。

就此，十字军第二次东征以失败告终。由它产生的唯一结果是，使努尔丁以最为有效的方式，在他的教友面前将自己展现成抗击法兰克人的救世主，而这又为伊斯兰世界的统一助了一臂之力。尽管白益王朝在 1149 年重新与法兰克人结盟，但其最终还是没能恢复自己的行动自由。而且因为这次联盟，努尔丁严厉地谴责他们为伊斯兰教的叛徒，以至于白益王朝很快就失去了继续抵抗努尔丁所施加的压力的能力，并且还失去了所有百姓的支持。这样，努尔丁最终在1154年，在居民们把他奉为解放者的欢迎声中，进入了大马士革。

由此可见，努尔丁的成功并不只是因为他是一位优秀的军事统帅，还因为他在这个过程中以宗教和政治上统一起来的伊斯兰世界，起身对抗信仰基督教的法兰克人的先锋形象出现在公众面前。为了这个目的，他还使在过去几个世纪中已经不再引人注意的"圣战"思想复苏，并宣扬之。

虽然十字军此时在叙利亚面对着努尔丁统领下的一个统一起来的伊斯兰集团，但他们再次做出了一次最为鲁莽且后果严重的行动。耶路撒冷国王阿马尔里克（1163—1174年在位）利用瓦解中的法蒂玛王朝政治上的虚弱——而且加快了其衰落速度，在1163年入侵埃及。虽然在随后的几次战役中，他成功地使埃及暂时性地处于法兰克人的保护之下，但同时，他也因此诱发了努尔丁再一次的干预。在法蒂玛王朝的总理大臣沙瓦尔的请求下，努尔丁派库尔德统帅谢尔库赫率军奔赴正陷于战争与混乱之中的埃及。在接下来的几年中，由国王阿马尔里克领导的十字军和努尔丁的军队在争夺尼罗河两岸统治权的斗争中互有胜负。1169 年，当阿马尔里克不得不从埃及撤出时，沙瓦尔被人谋杀，谢尔库赫取而代之，被法蒂玛哈里发阿迪得（1160—1171 年在位）任命为总理大臣。然而，谢尔库赫在几个月后就去世了，接替他担任总理大臣的是他 31 岁的侄子萨拉丁（萨拉丁·优素福·伊本·阿尤布）。萨拉丁立即着手大力巩固这一新取得的位置，一次由努比亚人和亚美尼亚人组成的法蒂玛雇佣兵发起的叛乱被他血腥地镇压了下去。两年后，即 1171 年，萨拉丁按照巴格达的哈里发和他的宗主努尔丁的指示，瓦解了什叶派法蒂玛王朝。这样，伊斯兰逊尼派就重新夺回了埃及。

与此同时，十字军则感到自己越发被逼入险境。努尔丁这时不仅支配着信仰穆斯林的叙利亚，还通过他在开罗的"总督"控制着埃及。不过，当下他们还没有担忧的理由，因为萨拉丁的目光正锁定在立即对他们进行打击之外的其他目标。开罗的这位新进人物的出身并不高贵，其父阿尤布和叔父谢尔库赫，当年作为库尔德雇佣兵到达现今的伊拉克——萨拉丁就出生在底格里斯河河畔的塔克里特——二人后来晋升至直接听命于赞吉的军官。在努尔丁的军队中，萨拉丁在埃及的战争中表现突出，由于一些幸运的因素和自身的魄力，他在开罗获得了权势，但他并没打算遵守努尔丁的命令，甚至拒绝把从埃及征收的税款交给在叙利亚的这位主君。

这一即将发展为公开冲突的矛盾，因1174年努尔丁的意外过世得以避免。现在萨拉丁的全部心思在于如何面对努尔丁的同族亲戚而赢得政权，特别是其还未成年的儿子。为此，他的理由是，出于对抗不信仰此教的人的圣战利益，所有的穆斯林都必须统一起来，也就是说，全部听命于他。萨拉丁没费太大力气就使直至哈马的叙利亚领土归附。因此，他得到了来自巴格达的支持，为了共同的目标，那里的哈里发不仅准许萨拉丁侵占努尔丁曾经统治的地区，还允许他此后的一切征服行动。这样，在信众们的眼中，他就得到了其必需的合法性。

尽管如此，撇开一些小规模的军事行动不谈，萨拉丁还是在他对抗异教徒之前，为自己留出了很长的时间。作为先决条件，他先开始加强在叙利亚北部和美索不达米亚的权力基础。而必要的自由活动时间，他则通过与法兰克人达成的长达数年的一系列停战协议来取得，这些协议起初只是暂时提供给他的。当法兰克人终于意识到即将来临的危险，急切地请求欧洲的支援时，这些呼救的恳求却如石沉大海，毫无回音——因为那里的人自顾不暇。

最后，法兰克人自己给日益强大的、只在等待一个有利时机的萨拉丁奉上了一个必要的开战理由。在原本和平的状态下，卡拉克的领主沙蒂隆的雷诺袭击了一支穆斯林商队。萨拉丁以此宣告圣战开始，入侵耶路撒冷王国，攻取了提比里亚[①]——只有这座城市的城塞做了一些抵抗。

与往年不同的是，法兰克人这时的敌人是一支来自埃及、叙利亚和美索不达米亚的联合大军，而且它还由一位精干且具魅力的统帅统领。国王吕西尼昂的古多（1186—1192年在位）急忙召集王国中的军队进行抵抗，圣殿骑士团和医护骑士团也加入了其中，这是有史以来十字军在圣地调集的最大兵力，约2万名兵士，其中大约有1 200名重装骑士和4 000名轻骑兵。

法兰克人的军队起初驻扎在萨弗利亚[②]，那里有足够的水源和牧场。但基督徒们并没有在这个安全的地方等待时机，而是放弃了自己的营地，去为受围的提比里亚城塞解围。然而通往那里的道路在此期间已被萨拉丁阻断了。法兰克人的军队于7月3日出发前往提比里亚，

<hr>

[①] 提比里亚位于今以色列的北部，加利利海的西岸。——译者注

[②] 萨弗利亚，又称塞佛瑞斯（Sepphoris），位于今以色列北部的加利利地区，据记载圣母玛利亚在这里诞生。——译者注

在酷暑的烈日下受着口干舌燥的折磨，以及萨拉丁的骑射手们不断的攻击，他们既没能成功地推进至提比里亚，也没能突围到可以解渴救命的加利利海。精疲力竭又口渴难当，十字军和他们的马匹不得不在没有饮水的情况下挨过一夜。1187年7月4日上午，萨拉丁在对他有利的开局下，在距哈丁村①不远处拉开了战幕。在兵力均当的情况下，他使十字军遭受了毁灭性的惨败，但他保全了被俘的国王吕西尼昂的古多的性命，"因为王不杀王"，如编年史学家巴哈·丁所记载的。然而，其他所有幸存下来的圣殿骑士和圣约翰骑士团的骑士则皆被萨拉丁下令处死，因为按照伊本·阿提尔的说法，他们"在战争中比其他法兰克人全加起来都还要危险"。

在此次大捷之后，萨拉丁就势如破竹地迅速征服了几乎整个耶路撒冷王国。基督徒们已经无法再进行有力的抵抗，他们的军队在哈丁一役中几乎全军覆没。10月2日，耶路撒冷王国向萨拉丁投降。这位胜利者进入城中时，不但没有进行任何屠杀行动，还禁止了所有的掠夺行为。对萨拉丁而言，成功攻占圣城，是在被他重新燃起来的针对异教徒的"圣战"思想的背景下，一个巨大且极具宣传效果的成功。萨拉丁征服耶路撒冷一事，

_____

　　① 哈丁村位于阿卡和加利利海之间。——译者注

也被他的秘书伊马德·丁·伊斯法罕尼（1125—1201）用相应的措辞如此歌颂："洗净了不洁的法兰克人留下的污秽，脱去了屈辱的衣衫，以便重着荣耀的华服。"

第二年，萨拉丁转而进攻的黎波里伯国和安条克公国。然而，他没能像对耶路撒冷王国那样，迫使这两个政权完全屈服。无论是的黎波里和安条克这两座都城，还是由圣殿骑士守卫的托尔托萨①都没有被征服。两座强大的圣约翰骑士团的要塞——骑士堡②和马尕特堡③——也都做了成功的抵抗。

哈丁一役的惨败和耶路撒冷沦陷的消息，使欧洲和它的统治者们笼罩在震惊和担忧之中。据称教皇乌尔班三世（1185—1187 年在位）的过世，甚至就是源于这一糟糕消息所引起的震动和忧虑。他的圣座继任者额我略八世（1187 年 10—12 月在位）立即号召新一轮的，也就是后来所谓的十字军第三次东征，但他没能看到它实现，因为在仅担任了两个月的教皇后，他就去世了。

---

① 托尔托萨又称塔尔图斯（Tartus），在现今是位于叙利亚西部的地中海港口城市。——译者注

② 骑士堡位于今叙利亚的西部，位处托尔托萨与霍姆斯之间。——译者注

③ 马尕特堡同样位于今叙利亚的西部，位处托尔托萨之北。——译者注

他的这项工作由克雷芒三世（1187—1191年在位）继续进行。西西里岛的诺曼国王"好人"威廉二世（1166—1189年在位），立即做出反应，并在1187年向东方派出了一支拥有50艘大型战船的舰队，这支舰队在的黎波里的防御战中提供了宝贵的支援。但最为重要的是，基督教世界拉丁地区的最高统治者——皇帝红胡子腓特烈一世（1152—1190年在位），在1189年4月加入了东征。虽然这位皇帝是否像一封被证明是伪造的书信所暗示的那样，真给萨拉丁发了一封最后通牒，在学界还存有争议，但这也不完全是空穴来风。巴巴罗萨①率领或许是欧洲十字军东征过程中由单一王公召集起的最大兵力，于1189年5月从雷根斯堡启程。如同第一次和第二次东征时的队伍一样，他选择了陆路，并在行军中严守铁的纪律。但在君士坦丁堡，他却与抱怀疑态度的拜占庭皇帝伊萨克二世·安格洛斯（1185—1195年在位）产生了严重的矛盾，这些矛盾甚至险些变成公开的战争。尽管在与塞尔柱人的战斗中伤亡惨重，又因长途行军人困马乏，巴巴罗萨还是成功地将他的军队还算军资充足地经安纳托利亚安全地率领至肥沃的奇里乞亚地区。但

---

① 巴巴罗萨是"红胡子"（Barbarossa）原词的音译。——译者注

是当皇帝在 1190 年 6 月 10 日溺亡于距塞琉西亚（今锡利夫凯）不远的格克苏河[①]——此河古时称卡里卡德诺斯河、中世纪称萨勒弗河——中后，此前一度蔚为大观的军队即刻四分五裂。大多数兵士在奇里乞亚乘船踏上归家的旅途，只有一小部分来自德国的军队在 1190 年 10 月到达了阿卡。

那里自 1189 年夏天以来，就一直进行着激烈的攻城战。完全出乎萨拉丁意料之外的是，那位支付了一笔赎金并许诺离开这片土地的国王吕西尼昂的古多，在被释放以后，并没有信守承诺，而是于 1189 年 8 月 28 日袭击了阿卡。在用猛攻的方式夺城的第一次尝试失败后，吕西尼昂的古多毅然选择了围城。为此他得到了宝贵的海上支援——一直有新船载着十字军抵达，其中包括丹麦人、弗里斯兰人、意大利人和法国人，最后还有图林根侯爵率领的德国人。萨拉丁曾试图突破包围圈，但均告失败。双方各有胜负，任何一方都没能取得决定性的胜利。

终于，法国国王的舰队在 1191 年 4 月出现在了阿卡城外。腓力二世·奥古斯都（1180—1223 年在位）原本先于巴巴罗萨加入东征，但在起初却因与他的英国

---

① 格克苏河位于今土耳其的南部。——译者注

120

竞争对手①发生武装冲突而被耽搁了。在这些争端得到调解之后，狮心王理查一世（1189—1199年在位）也开赴东方，他选择了海路。但是，因为他在途中还去征服了塞浦路斯，将其从拜占庭人的手中夺走，所以他在6月初才到达阿卡。

这样日益壮大的十字大军加大了对阿卡的围攻力度，这座城市终于在1191年7月12日违背萨拉丁的意志投降了。法王腓力认为他就此履行了东征的誓言，在7月底踏上了归程。而狮心王理查则继续与萨拉丁抗争了一年，在此期间他展现出了自己作为军事将领的出色能力。虽然在兵力上处于劣势，但他仍成功地使苏丹经历了数次惨重的失败。虽然萨拉丁掌握着更多的兵源，但他没有一支常备军，因此他的大部分士兵都已对战争感到厌倦，想要回家去打理他们的庄园和田地。鉴于双方都无法战胜对方的事实，1192年9月2日，双方通过谈判达成了和平协议。基督徒一方可以说是拿到了更好的"底牌"，他们拿回了除加沙地带和亚实基伦外的、人口相对较多、对欧亚贸易来说也更为重要的那些沿海城市，内陆地区则留在了苏丹的手中。虽然基

---

① 这里指的是英格兰金雀花王朝的亨利二世——狮心王理查一世的父亲。——译者注

督徒们没能夺回就后勤补给来说总归也无法坚守的耶路撒冷，但是至少萨拉丁允许基督教的朝圣者们不受阻碍地前往圣城。

1192 年 10 月，狮心王理查启程归乡。而苏丹萨拉丁解散了他的军队，前往大马士革，在那里他在短暂抱恙后于 1193 年 3 月 4 日去世，享年 55 岁。虽然萨拉丁在与穆斯林的竞争对手或与十字军的对抗当中都运用了圣战思想来进行宣传，但他绝不是个宗教狂热分子。他的那种经常展现出的对失败者和被征服者的公正和宽厚，深刻地影响了欧洲文学中的那种"异教徒贵族"的形象，如在戈特霍尔德·埃夫莱姆·莱辛的《智者纳坦》中出现的人物[1]。

法兰克—阿尤布王朝的间奏曲：
延后的衰亡

萨拉丁在 1193 年临终前，将他创建的阿尤布王国

---

[1]　莱辛（Gotthold Ephraim Lessing，1729—1781）是德国启蒙运动时期著名的剧作家和评论家。《智者纳坦》是他发表于 1779 年的一部戏剧。该剧讲述了十字军第三次东征期间，犹太商人纳坦与富有学识的萨拉丁及一些圣殿骑士之间打破宗教仇恨与隔阂，进行和谐沟通的故事。——译者注

分封给了他的三个儿子和他的兄弟马利克·阿迪勒。在接下来的时间里，阿迪勒一世（1193—1218 年在位）通过巧妙的外交手段，成功地压制了他的侄子们，获得了王国的最高统治地位。为将国家以联邦制的形式进行管理，他于公元 1200 年将其分为三个部分，并将这三个部分的统治权分别授予了他的三个儿子：阿什拉夫得到贾兹拉地区^①；卡米尔得到埃及；而穆阿扎姆则得到叙利亚和巴勒斯坦——只要这些地区不属十字军的占领区——以及直到亚喀巴湾、涵盖绍巴克和卡拉克两座重要要塞的约旦河东岸地带。

萨拉丁与狮心王理查当时达成的停战协议的限期为三年，不过阿迪勒仍继续保持了此协议的有效性。萨拉丁的战争给他的王国造成了巨大的人员和经济损失，在这之后，阿迪勒通过一个迫切需要的内部平静和复原期，使国家进入了一个和平时期，而十字军国家也因此受益。

在阿迪勒统治期间，依诺森三世（1198—1216 年在位）发起了十字军的第四次东征。这次征讨的目标是进攻并征服阿尤布王国的心脏埃及。输送部队士兵所需

---

① 贾兹拉地区是指美索不达米亚（两河流域）的西北部分，也就是幼发拉底河和底格里斯河发源的地区，位处今土耳其、叙利亚和伊拉克的交界地带。——译者注

的船只由威尼斯负责，但由于十字军没能筹出所需的经费，所以欠下了"威尼斯共和国"高额的债务。共和国同意让他们延期付款，不过条件是十字军要攻下达尔马提亚海岸上的基督教城市扎拉（今扎达尔）[①]。对于这座同样隶属于基督徒的匈牙利国王的城市，威尼斯觊觎已久，因为它对威尼斯在亚得里亚海上的贸易和统治十分重要。

在成功征服扎拉后，威尼斯又说服十字军进攻君士坦丁堡。拜占庭长久以来一直都是威尼斯在爱琴海上的商业和强权政治方面一个不受欢迎的对手。同时，这座位处博斯普鲁斯海峡的城市还因其地理位置，是威尼斯所寻求的不受干扰的黑海贸易的阻碍。此外，君士坦丁堡的宗主教区还被要求重新遵从罗马的教会法规，而拜占庭帝国也必须从此开始参与十字军东征的资金筹集。

为了实现他们的目的，威尼斯人首先与十字军一起尝试在君士坦丁堡促成一次帝位更替，并任命一位他们认为合适的皇帝。但当这一尝试因拜占庭人的抵抗最终以失败告终时，君士坦丁堡在 1204 年 4 月 13 日遭到了

---

① 扎达尔今属克罗地亚，是位于亚得里亚海东岸的一座海港城市。——译者注

突袭。疯狂的、制造可怕屠杀的暴虐士兵对这座古老的皇城进行了持续三天的最为骇人的洗劫。无价的艺术珍品在盲目的破坏中被摧毁或掠走——不论是人们热切渴求的圣物，还是像那座闻名于世的、现今矗立在威尼斯的四驾马车，至少证明了一些实施抢劫的威尼斯人的艺术鉴赏力。

在夺城之后，征服者们建立了君士坦丁堡拉丁帝国，弗兰德的伯爵鲍德温为第一位皇帝。被削弱了的拜占庭人，虽然没能阻止十字军在希腊植入他们的强权并将之自行瓜分，但他们却成功地坚守住了小亚细亚。特别是成为拜占庭政权核心的、以尼西亚为首府的残余领土。而这一政权在 1261 年成功地将受人痛恨的拉丁人驱逐出了君士坦丁堡。对于安纳托利亚的塞尔柱人来说，十字军征服君士坦丁堡的行为则为他们带来了好处，因为这减轻了拜占庭对他们施加的压力，而这又助长了小亚细亚的进一步突厥化。

虽然攻占君士坦丁堡的行为是十字军东征精神的反常表现，并且在当时的欧洲也遭到猛烈的抨击，但威尼斯对第四次东征的结果还是感到高度满意。对威尼斯来说，仅就把事态从战争的原本目标埃及转移开，就已经是一个重大的成功了。这样一来，它与这个尼罗河沿岸国家所建立起的良好且利润丰厚的贸易关系就不会受到任何损害。

长久以来，威尼斯这个意大利的海上共和国一直尝试与埃及开展贸易，因为后者控制着途经红海的印度贸易。二者之间第一次有望成功的接触发生在 1173 年至 1174 年间，萨拉丁刚刚在埃及取得权势之后。萨拉丁想要建立一支舰队，为此，他需要许多原材料，特别是造船用的木材和铁——这些正是资源匮乏的中东地区不能大量供应的材料。在接下来的一段时间里，比萨和威尼斯也就因此在亚历山大港设置了贸易经销处。这样，埃及从欧洲获取所需的军备物资及武器，相应地出口欧洲人渴求的香料、明矾、白糖等，其中还包括整个的或磨碎的木乃伊，木乃伊在当时的欧洲被当作药物使用。

巴格达的哈里发对萨拉丁与这些基督教的海上强国保持良好关系而发出斥责，不过这些指责都被这位苏丹以需要依赖于军备物资进口来对抗异教徒为说辞，搪塞了回去。另一方面，教皇发出的武器禁运令也同样徒劳无效，它被意大利人巧妙地规避开。这些贸易关系在阿迪勒治下得到了进一步的维持和发展，在他统治期间，威尼斯人已经在亚历山大港拥有商务会馆——它在当时被称为 fondaco（阿拉伯语：funduq）——拥有一间自己的教堂、澡堂，甚至——在一个伊斯兰国家中！——还拥有一间小葡萄酒馆。

早期的研究认为，在阿迪勒和威尼斯之间存在一项秘密协议，其目的在于将开罗必定已然知晓的这次计划中东征的目标从埃及引开。虽然没有证据表明这项协议确实存在，但事态进一步的发展显然使这位苏丹轻松了许多。在一封书信中，他向威尼斯人确保了他的友谊，并准许他们在亚历山大港设立第二个商务会馆。

但阿迪勒没能阻止的是，依诺森三世在 1213 年又开始号召新一轮的十字军东征，对此德意志 – 罗马人民的国王腓特烈二世①也于 1215 年 7 月在亚琛加冕的契机下起誓要接过十字架，参加东征。不过，这位年轻的斯陶芬王朝的国王在踏上东征的征程之前给自己预留出了相当长的时间。与他不同的是，匈牙利国王安德烈二世（1205—1235 年在位）和奥地利大公利奥波德六世在 1217 年就启程东征。这次，埃及将再次成为攻击的目标。这次的行动有着高明的保障措施，因为十字军不

---

① 后来的德意志神圣罗马帝国的皇帝腓特烈二世，他是"红胡子"腓烈特一世之孙，其成为皇帝的加冕时间是 1220年。——译者注

惜与他们在安纳托利亚的旧日敌手鲁姆塞尔柱人结成了进攻联盟。后者的苏丹凯卡乌斯（1210—1219 年在位）抱着征服叙利亚北部的目的，承诺在十字军进攻埃及的同时，对阿尤布王朝开战。

十字军的舰队在 1218 年 4 月抵达埃及，并于 5 月开始围攻位于尼罗河东侧汉港入海口的重要港口城市达米埃塔，继承了在 8 月去世的父亲阿迪勒的苏丹之位的卡米尔（1218—1238 年在位）试图营救，却在 10 月遭到惨败。当时的情形对他来说是如此之危急，以至于他提出，如果十字军撤军，他就将萨拉丁征服下来的约旦河以西的地带，包括耶路撒冷在内，全部割让给他们。然而，十字军却拒绝了这一提议，教皇使节想给伊斯兰教以致命的一击，几个意大利的海上城市共和国希望埃及的贸易管制听命于他们。而骑士团则认为，不同时归还约旦河东岸的领土，单单占领耶路撒冷毫无意义，因为那样在军事上无从防守。1219 年 11 月，十字军终于夺下了达米埃塔城，他们首先在那里扩大自己的阵地，直到 1221 年夏，他们决定向南推进，去征服埃及的首都开罗。在此危急关头，卡米尔的两个兄弟领兵从叙利亚赶来支援。阿尤布兄弟的联盟军成功地于 8 月中旬在尼罗河三角洲之中的曼苏拉附近击败了十字军，并迫使他们离开埃及。

不过，随着这次对抗十字军的联防行动的完结，阿迪勒几个儿子的和睦关系也到此结束了。在接下来几年中，针对阿尤布王国，尤其是叙利亚和巴勒斯坦的政治上的统治地位的兄弟之争，决定了这个国家的局势。在所有这些盟友不断变化——有时盟友甚至是法兰克人——的争斗中，反对异教徒的"圣战"思想再次退居至次要地位，这些争斗的目的只在于现实主义和强权政治。

卡米尔原本已经在为率军攻打他的弟弟大马士革的穆阿扎姆进行筹备，这时却被皇帝腓特烈二世（1198/1212—1250）正在进行东征准备的消息所震惊。卡米尔的首要目的是获取其在阿尤布王国的主导权益，而对于与基督徒展开新一轮的激战并无兴趣。所以他在皇帝出发之前，就与其进行了外交接触，并向他提出了一个协商解决问题的方案，这一方案预定以交回耶路撒冷为回报。而腓特烈二世同样对战争没有兴趣，但是作为被教皇以绝罚逐出教会之人，[①]他需要一次成功的东征所带来的声望。借助这一协议，达成了十字军在第三次东征

---

① 腓特烈二世因率领的十字军遭到了瘟疫，而很快折返，因此被不相信此事的教皇额我略九世处以绝罚。此绝罚又于1230年由同位教皇予以解除。——译者注

期间付出一切努力，且不久前在埃及的溃败都没能达成的目的，也就是为基督教世界收复耶路撒冷，这时变得易如反掌了。

于是，腓特烈二世就在一支规模相对较小的随行队伍陪同下登船启程，而在此之前，他已经派出了他的大将理查德·费兰基耶里率领 500 名骑士先行。1228年 9 月，他到达了阿卡。1229 年 2 月，皇帝和苏丹就在"双方阵营中的宗教狂热分子的抗议声中"（海茵茨·哈尔姆，Heinz Halm）达成了一项折中协议，拿撒勒、伯利恒、卢德、西顿和托伦①以及耶路撒冷都归还给基督徒——但不包括圆顶清真寺和阿克萨清真寺，它们仍留在穆斯林手中。不过，基督徒应该也被允许在圆顶清真寺中进行自己的虔敬活动，这一和平协议的期限被定为十年。

1229 年 3 月 17 日星期六，皇帝腓特烈二世进入耶路撒冷，在那里的圣墓教堂进行了祈祷。第二天早上，在这座教堂中举行了主日礼拜，不过，受到绝罚的皇帝没有出席。在礼拜结束后，他才进入教堂，在没有任何宗教仪式和授职礼仪的情况下——宗主教也不允许为

---

① 托伦（Toron）是今黎巴嫩南部一座当年十分重要的十字军城堡。——译者注

这位受到绝罚的皇帝施行这些仪式——将放在圣坛上的耶路撒冷国王的王冠戴在了自己的头上，而这一王位也是他自 1225 年 11 月与布里安的伊莎贝拉二世①订婚起，就作为这位年轻的女王位继承人的丈夫而声称有权得到的。5 月 1 日，腓特烈二世乘船抵达阿卡，踏上回家的旅途。

作为老练的外交家，卡米尔对政治局势做出了正确的预测，精明地消除了十字军东征将对他个人及他的各种计划所带来的危险。在随后的几年中，他成功地在以家族联邦制为基础的阿尤布王国中获得了主导权。但是，卡米尔在 1238 年 3 月去世后，这个王国就立刻又被继承人之争所撼动。最终，他的儿子马利克·萨利赫·阿尤布从这些人中胜出。

在王位争夺过程中，由于萨利赫·阿尤布铭记曾经出现过的除了他的贴身马穆鲁克，整支军队全部倒戈他人的惨痛经历，他做出了一个影响重大的决定。公元 1240 年在埃及得到政权之后，他决定往后要将这些突厥的战争奴隶变为他统治的主要支柱。因此，不同于以前的统治者，他有计划地购买了大量的马穆鲁克。用

---

① 伊莎贝拉二世从其母系一方继承了耶路撒冷国王（女王）的头衔。——译者注

这些完全委身于他的士兵，他建立了自己的军队和禁卫军的核心。

但是，在马利克·萨利赫对抗他同父异母的无能兄弟阿迪勒二世（1238—1239 年在位）之前，卡米尔与腓特烈二世签订的和平协议于 1239 年到期。鉴于此，教皇额我略九世（1227—1241）命人在英国和法国呼吁东征。9 月，香槟的伯爵及纳瓦拉的国王特奥博尔德率领一支十字军队伍登陆阿卡。法兰克人利用阿尤布王朝内部争斗的这一时机的选择十分明智。1239年 11 月初，特奥博尔德统领着他的部队在征募来的骑士团成员和当地男爵们的陪同下，从阿卡向埃及边境进发。11 月 13 日，在加沙附近与以最快速度赶来的埃及军队发生了激战，在战势的演进中，十字军落败。此后不久的 12 月初，法兰克人再次加固的耶路撒冷城落入了阿尤布王朝卡拉克的埃米尔纳昔尔·达伍兹的手中。

尽管十字军在加沙惨败，但是凭借香槟的特奥博尔德的部队的兵力补充，法兰克人依然是一个必须严肃对待的对手。这时，大马士革的阿尤布统治者萨利赫·伊斯迈尔向法兰克人寻求盟友关系。为了保证在他受到埃及的攻击时，后者会向他提供帮助，他将一些重要的城堡据点，如采法特①和波弗特②以及附属的领地交给了法兰克人，而且耶路撒冷——神圣区域除外——也许还有提比里亚也一同交还给了他们。但是，当埃及苏丹萨利赫·阿尤布也向法兰克人提出结盟的请求，并愿意将亚实基伦和加沙地带归还给他们时，法兰克人就冷血地转换了阵营，弃大马士革的萨利赫·伊斯迈尔于不顾。达成这些协议后不久，特奥博尔德伯爵于 1240 年秋离开了圣地。

在特奥博尔德踏上归程仅仅几周后，康沃尔的伯爵理查德，即英格兰国王亨利三世的弟弟率领一支十字大军抵达了阿卡。凭借高超的外交手腕，他进一步加深了与埃及苏丹的联盟，并得到了更多割让的领土。在他踏上归程时，耶路撒冷王国疆域达到了它自 1187 年以来的最大规模。

但这时盟友再次发生了变化。由于担心苏丹萨利赫·阿尤布可能会变得过于强大，1244 年春，特奥博尔德在大马士革、卡拉克和霍姆斯的阿尤布家族的亲戚，就与法兰克人一起结成了反对他的联盟。两军于 10 月

---

① 采法特位于今以色列北部加利利地区的山丘上，1102 年十字军在此处建起了一座城堡。——译者注

② 波弗特城堡位于今黎巴嫩南部的一座山丘上。——译者注

17 日在加沙附近相遇，随着战势的发展，联盟军陷入灭顶之灾。法兰克人就此遭到了自哈丁之后最重大的失利，从此再没有能力组建起一支类似的大型军队。

十字军国家的终结：
从马穆鲁克的兴起至1291年阿卡陷落

仅在加沙灾难性惨败后几天，耶路撒冷的宗主教罗伯特就派贝鲁特的主教前往欧洲，去说服西方的基督教王侯们发动新的十字军东征。如果人们还想救耶路撒冷王国于覆灭边缘，增援就是迫切需要的。而在可预见的未来里，以自身的力量弥补在可战斗人员方面遭受的损失，几乎是不可能的。如果没有来自此时变得越来越重要的骑士团的支持，这些十字军国家的领地早就无法坚守了。

这一次是被称为"圣人"的法国国王路易九世（1226—1270 年在位）①许诺提供援助，并加入了十字军的队伍。三年后，他的东征筹备事宜完成。1248 年 8 月，

---

① 路易九世在1297年被教皇波尼法爵八世封为圣人。——译者注

这位国王从特地为此次出征而兴建的艾格莫尔特港①登船前往塞浦路斯，在9月抵达。在那里，人们一致同意将埃及作为攻击的目标，并在冬季进行进一步的准备工作。第二年5月，舰队终于再次出海。1249年6月4日，这支皇家舰队停泊在达米埃塔附近，并在第二天一早就开始登陆作战。在战势的演进中，埃及守方惨败，十字军由此不战而得到了这座重镇。不过国王路易这时犯下了两个致命错误，他既没有继续去攻占亚历山大港，也没有去追击败军。直到11月，他才开始继续行军，向内陆方向推进。而在此期间，苏丹萨利赫·阿尤布已经在那里重新整组了他的军队。不过，幸运再一次眷顾了路易。22日至23日夜间，这位苏丹在他位于曼苏拉附近的营地去世。他的死暂时打乱了国家和军队的统一领导计划，因为苏丹的儿子、继承人突兰沙当时正作为总督留守在阿尤布王国的东部省份。

在此危急关头，苏丹的遗孀沙扎莱·杜尔（"珍珠树"）决定采取主动。在她已故丈夫的马穆鲁克军官们的支持下，她作为女苏丹，以"穆斯林的女王"（malikat al-Muslimīn）的名义登基，接管了政权。同时，突厥马

---

① 此港位于法国南部地中海沿岸，马赛的西北侧。——译者注

穆鲁克禁卫军还成功地阻止了法兰克人在曼苏拉的进一步推进，切断了他们的补给通道。被无休止的战斗、饥饿和疾病削弱了的十字军宛如困兽犹斗。1250 年 4 月，国王路易九世投降，并与他的残余部队一起被俘。他们与在此期间抵达开罗的萨利赫的儿子、接班人突兰沙谈判，达成一项协定，以放弃达米埃塔和支付一笔高昂的赎金为代价，释放国王。

圣人路易的十字军东征对基督教一方来说，是一次可怕的失败。但对于近东史而言，它的特别意义在于，这次是突厥人组成的马穆鲁克造成了东征的失败，而在未来的日子里他们终将成为尼罗河地带的主人。在路易重获自由之前，埃及发生了一个影响重大的事件。1250年 5 月 2 日，几个马穆鲁克军官谋杀了萨拉丁家族最后一位独立行使统治权的苏丹突兰沙，并发动政变夺取了政权。其结果是，尼罗河沿岸的这个国家在接下来的十年深陷政治混乱之中，军队的各个派系间进行着激烈的争斗。这也导致埃及在外交上的软弱，以及在贾兹拉和叙利亚残存的各个阿尤布酋长国的复兴。对在十字军国的法兰克人来说，这意味着一个外部和平的时期，但这种和平却因其内部的派系纷争而显得并不突出。

不过，这一阶段持续的时间不长。1258 年发生的一个对世界史有着重大意义的事件，撼动了伊斯兰世界。从东方来的蒙古人首先征服了伊朗，继而攻占了幼发拉底河畔的古老哈里发城巴格达，攻取、蹂躏并扫平了阿拔斯王朝的哈里发国。1259 年秋，蒙古人完成了他们入侵叙利亚所需的准备。当时叙利亚属阿尤布王朝的苏丹大马士革和阿勒颇的纳希尔·优素福以及法兰克人共同所有。后者占据沿海地带，他们中的一部分人错误地将蒙古人看作他们抵抗穆斯林战争中的友好盟友。

由于叙利亚最强大的阿尤布王朝的统治者纳希尔·优素福出于恐惧和畏缩，不敢迎击蒙古人，后者得以在 1260 年 3 月成功地进入了大马士革。

不过，阿尤布的酋长国卡拉克和绍巴克却幸免于蒙古人的铁骑，因为他们这时不得不将注意力集中在埃及。在那里，在蒙古人所造成的威胁面前，马穆鲁克军官忽秃斯在 1259 年独揽了政权。对于蒙古人劝降的要求，他以处死说客作为答复，这样战争也就不可避免了。1260 年 9 月 3 日的午后，在阿音扎鲁特①附近，苏丹忽秃斯指挥的埃及—马穆鲁克大军，与此时驻扎在叙利亚、由大将怯的不花统领的蒙古军队之间的决战拉开了战幕。在兵力相当的情况下，蒙古军队被马穆鲁克通过

---

① 阿音扎鲁特位于今巴勒斯坦北部。——译者注

巧妙的战术手段击败，怯的不花也在混战中阵亡，蒙古军队的幸存者则试图向北方突围。

马穆鲁克大军以他们在阿音扎鲁特的胜利，成功地遏制了蒙古人在中东的进一步挺进，挽救了逊尼派的伊斯兰教。同时苏丹忽秃斯也通过驱逐蒙古人，成了叙利亚的统治者。这时他开始着手采取必要的行政措施，使叙利亚在近二百五十年的时间内，合并到在开罗行使统治的中央集权的马穆鲁克王国中。

叙利亚的两大重要城市阿勒颇和大马士革如今受马穆鲁克总督管辖。而苏丹忽秃斯对在霍姆斯、哈马和卡拉克的部分正统的阿尤布埃米尔们，则采取了迎合的态度。他们全部被准许拥有自己原来的领地，只是被纳入联邦制的王国中。由此，马穆鲁克苏丹作为最高采邑主的地位彰显无疑。不过，这种胜利的滋味忽秃斯没能享受多久，在回埃及的途中，他被几个军官合伙杀害。其中的一个同谋者是埃米尔拜巴尔，他被在场的几个官员推举为新的苏丹。

作为苏丹的埃米尔拜巴尔（1260—1277 年在位）成了马穆鲁克王国的真正缔造者。就他执政的合法化而言，他继承了阿尤布王朝的传统，并巧妙地将其与马穆鲁克统治的特点联系起来。不同于他的前任们，他没有以"王朝联邦国家"（汉斯·路德维希·戈特沙尔克，Hans Ludwig Gottschalk）的形式来进行统治。整个王国更多的是臣服于以苏丹为最高及唯一统治者的严格的中央集权制之下。叙利亚被分为几个省，每个省的总督均直接对苏丹负责。作为精明的管理者，拜巴尔致力于整顿国家内部，并使其恢复元气。与萨拉丁拥有的参差不齐的阿尤布军队不同，他建立了一支组织严密且纪律严明的军队，这支军队可以随时进入战斗状态，已经显示出了很强的常备军的特点。

这样，将叙利亚和埃及统一起来，并拥有一支强大的军队的拜巴尔，再次对已经完全陷入防守状态的十字军发起了最为强势的讨伐。十字军因为考虑到面对这样一个强大的集权国家，处于虚弱状态的他们无法做出任何与之相当的反抗，所以就尽可能地避免任何正面的交战。他们只能依靠骑士团防守城堡和要塞作为防护手段，其覆灭只是个时间问题。

1265 年 3 月，凯撒莱亚失陷。同年 4 月，阿尔苏夫失守。苏丹使这两座城市变成了废墟，其他的城镇、城堡和要塞随后也步其后尘，如 1266 年 7 月圣殿骑士的要塞采法特失守，拜巴尔还下令将投降后的要塞守卫者处死。在 1268 年至 1272 年间的战争中，雅法和波弗特被占领，奇里乞亚小亚美尼亚王国①和的黎波里伯国也被迫归属苏丹国。但最重要的是，安条克也于1268年5月18日被攻陷。在夺城之后，苏丹拜巴尔下令关闭城门。这样一来，城内的居民就无法逃出，没能逃入城塞自救的人全部被无情地屠杀。被围困在城塞中的人们提议，以至少保全他们的性命为条件，在第二天交城投降。拜巴尔同意了这一提议，并将他们当作奴隶分发给了他的埃米尔和士兵们。由于城中被大肆地掠夺、洗劫和摧残，过去一直十分繁荣、此时人口众多的安条克再也没能从这次打击中恢复过来。在未来的时日里，它几乎也没有起到过什么重要的作用，而是降为了一个无关紧要的中小型城市。安条克陷落后，附近基督徒的城堡也无法继续维持。这样，叙利亚北部的法兰克人的统治几乎全部崩溃。

当拜巴尔在1277年7月1日去世时，法兰克人发现他们已被逼回至仅有的几个地方。这时只有那些骑士团还能在接下来的几年中捍卫自己的城堡，并做出一些针对继位的苏丹嘉拉温（1279—1290年在位）的真正

① 奇里乞亚小亚美尼亚王国（1080—1375），是塞尔柱人入侵亚美尼亚时，由逃亡的亚美尼亚居民组成的国家，所以此国并不位于亚美尼亚高原，而是位于地中海沿岸的亚历山大勒塔湾，该国领土今属土耳其和叙利亚。——译者注

意义上的反击。经过数周的战斗，马穆鲁克们最终于1291年5月18日攻陷了阿卡。只有圣殿骑士继续在他们的会团分部建筑物内进行了数天激烈的抵抗，直到他们不得不投降。作为胜利者的苏丹马利克·阿什拉夫·卡里勒（1290—1293年在位），违背了让骑士们自行撤退的约定，将他们全部斩首。随着阿卡的沦陷，十字军国已是回天乏术。不久后，泰尔也对苏丹不战而降。在圣殿骑士们的短暂抵抗后，苏丹在7月中旬占领了西顿。贝鲁特、海法和圣殿骑士的两座要塞托尔托萨和朝圣堡①也随之陷落。这样，十字军国在存续了整整两百年后覆灭。

为了确保这样的外来统治者从此不再出现，穆斯林们一方面摧毁了海岸线附近的城堡和城市，并有计划地毁坏了那里的土地；另一方面他们将位于内陆的要塞据为己有，并为己所用。这样一来，欧洲人就无法再次经海路落脚十字军国，并将这些坚实的据点作为新一轮征服活动的桥头堡利用。马穆鲁克们在征服阿卡之后，在叙利亚和巴勒斯坦进行的破坏活动——直到19世纪，这片土地都没能从中恢复过来——不仅证明了随着时间的

_____

① 朝圣堡位于今以色列北部的地中海沿岸的山岩上。——译者注

推移而累积起来的对十字军的仇恨，也证明了那种对于再次成为西方基督徒征服者的攻击目标的难以抹去的恐惧。

　　事实上，基督徒一方也没有很快再次尝试去夺回圣地。这些尝试大多还在计划阶段就胎死腹中，原因是在此期间十字军东征的思想已经被过度消耗，自第二次东征以来，它就日益成了西方批判的目标。对此的责任，尤其应由罗马教廷来承担，因为在这期间教廷将任何一次以教皇名义对抗其在欧洲内部敌人的战争都宣告为十字军征讨，无论战争的对象是阿尔比派的异端①，还是像斯陶芬王朝成员②那样的政治对手，抑或是像施泰丁格起义的农民③。此外，西方基督教一方的注意力从14世纪开始就越来越多地被奥斯曼帝国在巴尔干地区的推进所吸引，此后十字军东征也是因对此进行防御而展开。

---

　　① 阿尔比派，也称"卡特里派"或"纯净派"，其异端主要因12至14世纪流行于法国南部的阿尔比城得名。其主要思想是受巴尔干地区的波格米勒派影响的二元论，认为只有超越物质的无形的、属灵的世界才是上帝创造的、美好的，而现实的物质世界则是由恶产生的、丑陋的。——译者注

　　② 譬如皇帝巴巴罗萨和腓特烈二世就是斯陶芬王朝的成员。——译者注

　　③ 此处指的是1233年至1234年间，发生在德国不莱梅总主教区施泰丁格地区的一次因为赋税起义的农民反抗总主教的战争。起义最终以农民军一方失败告终。——译者注

结　语

在十字军东征开始之前，伊斯兰世界由于在文化和宗教上的优越感，对在他们眼中较为落后的欧洲几乎毫无兴趣。那里的居民被他们认为是不文明的、不洁净的、野蛮的和道德低下的。而这些偏见和评价，在长达两个世纪的与十字军的私下接触和经历中，仍没有被重新评估——尽管这时他们对于十字军顶级的骁勇士气和军事才干也给予了认同——反而，通过这些更为确切的了解和亲身体验，甚至进一步地得以验证。另一方面，在政治和外交层面上，伊斯兰世界对欧洲人和他们原籍国的知识，确实有了相当大的增加。相对于十字军东征的初始阶段，到了中世纪晚期，那里的人们对于欧洲的统治和权力关系，绝对获得了一个更为切合实际，也更为多样的印象。但除了这些实用主义的问题，关于欧洲及其居民的事物几乎没有引起他们任何的好奇心。

苏丹拜巴尔的统治时期，应该也大大促进了这一趋势的发展。他为穆斯林们留下了一个内部得到了巩固，而且基础建立得十分得当的王国。这个王国在未来的250年中成为中东地区起决定性作用的强国。但同时，他留下来的这个巨大遗产也带来了沉重的负担——这一点在迄今为止的研究中还未被人意识到。他为了给其各种统治措施和反对法兰克人的征战寻求道义上的辩护，重拾了"圣战"的思想，而且是以比萨拉丁更为激进的方式。我们能在他的军队和营地中发现更多的穆斯林传教士和狂热分子，他们的任务是从宗教上激发部队的积极性，并使他们对战斗起誓。这时，"圣战"思想还开创了迄今为止还没有过的，针对东方基督徒，尤其是针对那些偏离正确路线分子或自由思想者的"圣战"类别。由此，推开了一扇通往一种伊斯兰思想界截至此时还未知的发展方向的大门。在这时横行起来的教条主义的不宽容性面前，思辨的思想和精神的多样性成了受害者，而这二者正是迄今为止伊斯兰科学和思想境界的特征。因此，由这种中世纪晚期的"圣战"思想，最终发展成为在很长一段时间内都发挥作用的，甚至在今天的某些激进的伊斯兰中依然盛行的思想不自由性。

而在欧洲，十字军东征则为人们在知识和地理方面的视野扩展做出了重要的贡献。自古希腊罗马晚期开始，朝圣导游手册就已经为朝圣者们描述了圣地中神圣处所的情况。十字军东征期间，这些描述变得更为翔实。另外，这时还不断地涌现出各种游记，它们记录的内容不再局限于圣地或者去往哪里的旅程，而是涵盖了从大马士革、巴格达到开罗的整个中东地区的情况。这些游记不仅涉及了动物志、植物志和自然地理，还涉及了当地的居民、文化、宗教和生活方式等，满足了当时欧洲人对于陌生的东方的求知欲。那些在这时甚至去到蒙古和遥远的中国的传教士，也同样促进了知识的增长。而那些从与伊斯兰世界的利润颇丰的贸易中获利的商人们也同样如此，他们的交易量在十字军东征期间完全没有下降，反而提高了。

十字军东征使双方在与文化和宗教都不同的对手的对抗中，增强了自我意识。在东方，鉴于基督教征服者带来的威胁，东征最终促成了四分五裂的穆斯林酋长国联合在伊斯兰的旗帜下——首先是在萨拉丁的统治时期，之后是在两个半世纪的中央集权的马穆鲁克王国时期。在欧洲，相对于对基督教的从属感，民族国家的特点则受到更多的重视。

双方对十字军东征的感受也完全不同。虽然从军事角度上看，数次的东征是一次巨大的失败，但在早期的欧洲历史编写中，它们通常仍被赋予了积极的意义。与之相反，在伊斯兰世界的集体记忆中，它们则成为产生了深远影响的创伤性事件，对伊斯兰教和基督教之间的关系造成了深刻而持久的伤害。

年　表

年份	历史事件
634—640年	阿拉伯人征服拜占庭帝国在叙利亚和巴勒斯坦的行省。
636—641年	波斯萨珊王朝被征服。
639—642年	阿拉伯人征服拜占庭帝国的埃及。
647年起	阿拉伯人进一步入侵北非。
656—661年	阿里（穆罕默德的女婿）任哈里发。
661—680年	穆阿维叶任哈里发。
661—750年	以大马士革为国都的倭马亚王朝的哈里发国时期。
674—678年	阿拉伯人第一次围攻君士坦丁堡。
711年起	穆斯林征服西班牙。
717年	阿拉伯人第二次围攻君士坦丁堡。
732年	阿拉伯人在图尔和普瓦捷在对抗查理·马特时兵败。
750—1250年	以巴格达为国都的阿拔斯王朝的哈里发国时期（建都于762年）。
782年	阿拉伯人第三次尝试征服君士坦丁堡。
833—842年	穆阿台绥姆任哈里发；建立一支雇佣兵部队。

868—905年	埃及突伦王朝统治时期。
939—969年	埃及伊赫昔迪王朝统治时期。
945—976年	拜占庭帝国在三任皇帝——生于紫室者君士坦丁七世、尼基弗鲁斯二世和约翰·齐米斯西斯——的领导下，夺回叙利亚。
约970年	乌古斯部落的首领塞尔丘克及其家族皈依伊斯兰教。
969—1171年	法蒂玛王朝的什叶派敌对哈里发国统治埃及时期。
约1000年起	突厥塞尔柱人向西挺进。
1055年	塞尔丘克的侄子图赫里勒·贝格入主巴格达。
1071年	拜占庭人在曼济科特对阵塞尔柱苏丹阿尔普·阿尔斯兰时战败。
1095年3月	拜占庭帝国使者在皮亚琴察大公会议上请求援助
1095年11月	克勒芒大公会议；教皇乌尔班二世号召十字军东征。
1096年2月起	隐修士彼得在法国北部、洛林和莱茵地区鼓动东征。
1096年4月	第一批所谓的"平民十字军"出发。
1096年9—10月	隐修士彼得的追随者在小亚细亚展开战斗，他们的队伍被塞尔柱人歼灭。
1096年8月起	一些在君士坦丁堡集结的骑士军团启程。
1097年4月/5月	十字军开始穿越小亚细亚。
1097年5月/6月	围攻尼西亚。
1097年7月1日	多利来昂战役。
1097年10月21日起	围攻安条克。
1098年3月	布洛涅的鲍德温建立埃德萨伯国。
1098年6月3日	攻陷安条克，塔兰托的博希蒙德建立安条克公国。
1099年6月7日	十字军到达耶路撒冷；围城。
1099年7月15日	进攻耶路撒冷。

1099年7月	布永的戈弗雷得名"圣墓守护者"。
1100年12月25日	布洛涅的鲍德温加冕为耶路撒冷王国的第一任国王。
1109年7月	的黎波里伯国建立。
1120年	圣殿骑士团成立。
1144年12月24日	赞吉征服埃德萨。
1146—1174年	努尔丁统一叙利亚。
1147—1149年	第二次东征。
1163—1169年	耶路撒冷国王阿马尔里克侵入埃及。
1171—1193年	萨拉丁统一埃及和叙利亚。
1187年7月4日	哈丁战役。
1188—1192年	十字军第三次东征。
1202—1204年	十字军第四次东征。
1204年4月12—15日	十字军占领并洗劫君士坦丁堡。
1218年5月起	围攻达米埃塔。
1219年11月	征服达米埃塔。
1221年8月30日	十字军在尼罗河三角洲的曼苏拉失利。
1228/1229年	皇帝腓特烈二世东征；与苏丹卡米尔缔结协议。
1229年3月18日	腓特烈二世在圣墓教堂加冕耶路撒冷国王之冠。
1249—1250年	法王"圣人"路易九世前往埃及东征。
1250—1517年	以开罗为首都的马穆鲁克王朝的苏丹国时期。
1258年	蒙古人征服巴格达。
1260年9月3日	马穆鲁克在阿音扎鲁特战胜蒙古人。
1260—1277年	苏丹拜巴尔建立马穆鲁克国。
1260—1291年	马穆鲁克逐步将十字军逐出叙利亚和巴勒斯坦。
1268年5月18日	苏丹拜巴尔征服安条克。
1291年5月18日	苏丹马利克·阿什拉夫·卡里勒攻陷阿卡，结束了十字军的统治。

参考文献

Ad milites templi. De laude novae militiae, in: Bernhard von Clairvaux. Sämtliche Werke lateinisch/deutsch, hrsg. von Gerhard B. WINKLER, Bd. 1, Innsbruck 1990, S. 258–326.

Albert von Aachen: Historia Hierosolymitana, in: Recueil des Historiens des Croisades. Historiens occidentaux IV, Paris 1879, S.265–713 [dt. Übers: Herman HEFELE, Geschichte des Ersten Kreuzzuges, 2 Bde., Jena 1923].

Anna Komnene: Alexias, übers. von Diether Roderich REINSCH, Köln 1996.

Anonymi Gesta Francorum et aliorum Hierosolymitanorum, mit Erläuterungen hrsg. von Heinrich HAGENMEYER, Heidelberg 1890 [engl. Übers.: The Deeds of the Franks and other Pilgrims to Jerusalem, hrsg. und übers. von Rosalind HILL (=Medieval Texts), London u.a. 1962].

Balderich von Dol: Historia Jerosolymitana, in: Recueil des Historiens des Croisades. Historiens occidentaux IV, Paris 1879, S. 1–111.

Shlomo EIDELBERG: The Jews and the Crusades. The Hebrew Chronicles of the First and Second Crusades, Madison/Wisc. 1977.

Ekkehard von Aura: Hiersolymita, in: Recueil des Historiens des Croisades. Historiens occidentaux V 1, Paris 1886, S. 1—40.

Fulcher von Chartres: Historia Hierosolymitana, hrsg. von Heinrich HAGENMEYER, Heidelberg 1913 [engl. Übers.: A History of the Expedition to Jerusalem, übers. von Frances R. RYAN, hrsg. und mit einem Vorwort versehen von Harald S. FINK, Knoxville 1969].

[Francesco GABRIELI:] Die Kreuzzüge aus arabischer Sicht. Aus den arabischen Quellen ausgewählt und übersetzt von Francesco GABRIELI. Aus dem Italienischen von Barbara von Kaltenborn–Stachau unter Mitwirkung von Lutz Richter–Bernburg, München 1975.

Guibert von Nogent: Dei gesta per Francos, hrsg. von Robert B.C.HUYGENS (= Corpus Christianorum Continuatio

Mediaevalis 127A), Turnhout 1996 [frz.Übers.: M.GUIZOT: Histoire des Croisades par Guibert de Nogent (= Collection des Mémoires relatifs à l'histoire de France 9), Paris 1825].

Historia de expeditione Friderici imperatoris, in: Anton CHROUST (Hrsg.), Quellen zur Geschichte des Kreuzzuges Kaiser Friedrichs I. (= MGH SS rer. Germ. N. S. 5), Berlin 1928, S. 1–115 [dt. Übers.: Der Kreuzzug Friedrich Barbarossas 1187–1190. Bericht eines Augenzeugen, eingel., übers. und kommentiert von Arnold BÜHLER, Stuttgart 2002].

Historia peregrinorum, in: Anton CHROUST (Hrsg.), Quellen zur Geschichte des Kreuzzuges Kaiser Friedrichs I. (= MGH SS rer. Germ. N. S. 5), Berlin 1928, S. 116—172.

[Ibn al–Aṯīr:] The chronicle of Ibn al–Athir for the crusading period from al–Kamil fi'l–ta'rikh, 3 Bde., übers. von D. S. RICHARDS, bislang erschienen: Bd. 1: The years 491–541/1097–1146. The coming of the Franks and the Muslim response (= Crusade Texts in Translation 13), Aldershot u. a. 2006.

Itinerarium peregrinorum et gesta regis Ricardi, hrsg. von William STUBBS (= Rerum Britannicarum Medii Aevi Scriptores 38,1 – Chronicles and Memorials of the Reign of Richard I., Bd. 1), London 1864 [engl. Übers.: Helen NICHOLSON (Übers.):

Chronicle of the Third Crusade. A Translation of the Itinerarium Peregrinorum et Gesta Regis Riccardi (= Crusade Texts in Translation 3), Aldershot u. a. 1997].

Jean de Joinville: Vie de Saint Louis, hrsg. von Nathalie DE WAILLY, Paris 1868 [neu hrsg. und übers. von Jacques MONFRIN, Paris 1995].

Niketas Choniates: Die Kreuzfahrer erobern Konstantinopel. Die Regierungszeit der Kaiser Alexios Angelos, Isaak Angelos und Alexios Dukas, die Schicksale der Stadt nach der Einnahme sowie das «Buch von den Bildsäulen» (1195–1206), übers., eingeleitet und erklärt von Franz GRABLER (= Byzantinische Geschichtsschreiber 9), Graz, Wien und Köln 1958.

Odo von Deuil: De profectione Ludovici VII in orientem, hrsg. und übers. von Virginia G. BERRY, New York 1948.

Radulf von Caen: Gesta Tancredi in expeditione Hierosoly–mitana, in: Recueil des Historiens des Croisades. Historiens occidentaux III, Paris 1866, S. 587–716.

Raimund von Aguilers: Historia Francorum qui ceperunt Iherusalem, in: Recueil des Historiens des Croisades. Historiens occidentaux III, Paris 1866, S. 231–309. [engl. Übers.: John H. HILL und Lauritia L. HILL: Raymond d'Aguilers: Historia

Francorum qui ceperunt Iherusalem, Philadelphia 1968].

Wilhelm von Tyrus: Chronicon – Guillaume de Tyr: Chronique, 2 Bde., hrsg. von Robert B. C. HUYGENS (= Corpus Christianorum Continuatio Mediaevalis 63 und 63A), Turnhout 1986 [engl. Übers.: William of Tyre: A History of Deeds done beyond the Sea, übers. von Emily A. BABCOCK und A. C. KEY (= Records of Civilization. Sources and Studies 35), New York 1943 (ND 1976)].

Laila ATRACHE: Die Politik der Ayyubiden. Die fränkisch-islamischen Beziehungen in der ersten Hälfte des 7./13. Jahrhunderts unter besonderer Berücksichtigung des Feindbildes, Münster 1996.

Malcolm BARBER: The New Knighthood. A History of the Order of the Temple, Cambridge 1994.

Dieter BAUER, Klaus HERBERS und Nikolas JASPERT (Hrsg.): Jerusalem im Hoch- und Spätmittelalter. Konflikte und Konfliktbewältigung – Vorstellungen und Vergegenwärtigungen (= Campus Historische Studien 29), Frankfurt und New York 2001 [darin die oben zitierten Beiträge von Kaspar ELM und Marie-Luise FAVREAU–LILIE].

Claude CAHEN: La Syrie du Nord à l'époque des croisades

et la principauté franque d'Antioche, Paris 1940.

Franco CARDINI: Europa und der Islam. Geschichte eines Mißverständnisses, München 2000.

Alain DEMURGER: Die Templer. Aufstieg und Untergang 1118–1314, München 31993.

Ekkehard EICKHOFF: Zur Wende von Mantzikert, in: Martin KINTZINGER, Wolfgang STÜRNER und Johannes ZAHLTEN (Hrsg.), Das Andere wahrnehmen. Beiträge zur europäischen Geschichte. August Nitschke zum 65. Geburtstag gewidmet, Köln, Weimar und Wien 1991, S. 101–118.

Nikita ELISSÉEFF: Nūr ad–Dīn. Un grand prince musulman de Syrie au temps des croisades (511–569 H./1118–1174), 3 Bde., Damaskus 1967.

Ronnie ELLENBLUM: Frankish Rural Settlement in the Latin Kingdom of Jerusalem, Cambridge 1998.

Martin ERBSTÖSSER: Die Kreuzzüge, Leipzig 21980.

Carl ERDMANN: Die Entstehung des Kreuzzugsgedankens (= Forschungen zur Kirchen-und Geistesgeschichte 6), Stuttgart 1935 (ND Darmstadt 1980).

Der Erste Kreuzzug 1096 und seine Folgen. Die Verfolgung von Juden im Rheinland, hrsg. von der Evangelischen Kirche im

Rheinland, Düsseldorf 1996.

Marie–Luise FAVREAU: Studien zur Geschichte des Deutschen Ordens (= Kieler historische Studien 2), Stuttgart 1974.

Josef FLECKENSTEIN und Manfred HELLMANN (Hrsg.): Die geistlichen Ritterorden Europas (= Vorträge und Forschungen 26), Sigmaringen 1980.

Alan FOREY: The Military Orders. From the Twelfth to the Early Fourteenth Centuries, Toronto und Buffalo 1992.

John FRANCE: Victory in the East. A military history of the First Crusade, Cambridge 1995.

John FRANCE: Western warfare in the age of the Crusades. 1000–1300 (= Warfare and History), London 1999.

Geschichte der arabischen Welt, begr. von Ulrich HAARMANN, hrsg. von Heinz HALM, München 42001.

Hans L. GOTTSCHALK: Al–Malik al–Kāmil von Egypten und seine Zeit. Eine Studie zur Geschichte Vorderasiens und Egyptens in der ersten Hälfte des 7./13. Jahrhunderts, Wiesbaden 1958.

Ernst–Dieter HEHL: Was ist eigentlich ein Kreuzzug?, in: Historische Zeitschrift 259 (1994), S. 297–336.

Ernst–Dieter HEHL: Friede, Krieg und rechtmäßiges Töten. Die Tradition des Mittelalters, in: Hans WISSMANN (Hrsg.),

Krieg und Religion, Würzburg 1994, S. 79–95.

Peter HERDE: Die Kämpfe bei den Hörnern von Hittin und der Untergang des Kreuzritterheeres (3. und 4. Juli 1187), in: Römische Quartalschrift für christliche Altertumskunde und Kirchengeschichte 61 (1966), S. 1–50.

Rudolf HIESTAND: «precipua tocius christianimi columpna». Barbarossa und der Kreuzzug, in: Friedrich Barbarossa. Handlungsspielräume und Wirkungsweisen des staufischen Kaisers, hrsg. von Alfred HAVERKAMP (= Vorträge und Forschungen 40), Sigmaringen 1992, S. 51–108.

Carole HILLENBRAND: The Crusades. Islamic Perspectives (= Islamic surveys), Edinburgh 1999.

Peter M. HOLT: The Age of the Crusades. The Near East from the Eleventh Century to 1517, London und New York 1986.

Norman HOUSLEY: Contesting the Crusades, Oxford 2006.

Nikolas JASPERT: Die Kreuzzüge (= Geschichte kompakt), Darmstadt 2003.

David E.P. JACKSON: Some considerations relating to the history of the Muslims in the Crusader States, in: East and West in the Crusader States. Context – Contacts – Confrontations, hrsg. von Krijnie CIGGAAR, Adelbert DAVIDS und Herman TEULE (=

Orientalia Lovaniensia Analecta 75), Leuven 1996, S. 21–29.

Hartmut JERICKE: Konradins Marsch von Rom zur Palentinischen Ebene im August 1268 und die Größe und Struktur seines Heeres, in: Römische Historische Mitteilungen 44 (2002), S. 151–192.

Andrew JOTISCHKY: Crusading and the Crusader States, Harlow 2004.

Benjamin Z. KEDAR, Hans Eberhard MAYER und Raymond C. SMAIL (Hrsg.): Outremer. Studies in the History of the Crusading Kingdom of Jerusalem. Presented to Joshua Prawer, Jerusalem 1982.

Benjamin Z. KEDAR: The Subjected Muslims of the Frankish Levant, in: Muslims under Latin Rule, hrsg. von James M. Powell, Princeton 1990, S. 135–174.

Benjamin Z.KEDAR (Hrsg.): The Horns of Ḥaṭṭīn, London 1992.

Michael A. KÖHLER: Allianzen und Verträge zwischen fränkischen und islamischen Herrschern im Vorderen Orient. Eine Studie über das zwischenstaatliche Zusammenleben vom 12. bis ins 13. Jahrhundert (= Studien zur Sprache, Geschichte und Kultur des islamischen Orients N.F. 12), Berlin und New York 1991.

Klaus KREISER und Christoph K. NEUMANN: Kleine Geschichte der Türkei, Stuttgart 2003.

Angeliki LAIOU (Hrsg.): Urbs capta: The Fourth Crusade and its consequences. La IVe croisade et ses conséquences (= Réalités byzantines 10), Paris 2005.

Ralph–Johannes LILIE: Byzanz und die Kreuzfahrerstaaten. Studien zur Politik des Byzantinischen Reiches gegenüber den Staaten der Kreuzfahrer in Syrien und Palästina (1096–1204), München 1981 [überarb. engl. Übers. Oxford 1993].

Ralph–Johannes LILIE: Byzanz. Das zweite Rom, Berlin 2003.

Malcolm C. LYONS und David E. P. JACKSON: Saladin. The politics of the Holy War (= University of Cambridge Oriental Publications 30), Cambridge 1982.

Amin MAALOUF: Der heilige Krieg der Barbaren. Die Kreuzzüge aus der Sicht der Araber, München 32001.

Hans Eberhard MAYER: Bibliographie zur Geschichte der Kreuzzüge, Hannover 1960.

Hans Eberhard MAYER: Literaturbericht über die Geschichte der Kreuzzüge. Veröffentlichungen 1958–1967, in: Walther KIENAST (Hrsg.): Literaturbericht über Neuerscheinungen zur außerdeutschen Geschichte und zu den Kreuzzügen (= Historische Zeitschrift, Sonderheft 3), München 1969, S. 641 ff.

Hans Eberhard MAYER (Hrsg.): Die Kreuzfahrerstaaten als multikulturelle Gesellschaft (=Schriften des Historischen Kollegs, Kolloquium 37), München 1997.

Hans Eberhard MAYER: Geschichte der Kreuzzüge, Stuttgart 92000.

Hannes MÖHRING: Saladin und der Dritte Kreuzzug. Aiyubidische Strategie und Diplomatie im Vergleich vornehmlich der arabischen mit den lateinischen Quellen (= Frankfurter Historische Abhandlungen 21), Wiesbaden 1980.

Hannes MÖHRING: Saladin. Der Sultan und seine Zeit 1138–1193 (= C. H. Beck Wissen), München 2005.

AlanV.MURRAY (Hrsg.): From Clermont to Jerusalem. The Crusades and Crusader Societies 1095–1500 (=International Medieval Research 3), Turnhout 1998 [mit Bibliographie zum Ersten Kreuzzug, S. 267–310].

Albrecht NOTH: Heiliger Krieg und Heiliger Kampf in Islam und Christentum. Beiträge zur Vorgeschichte und Geschichte der Kreuzzüge, Bonn 1966.

Joshua PRAWER: The History of the Jews in the Latin

Kingdom of Jerusalem, Oxford 1988.

Donald M. QUELLER und Thomas F. MADDEN: The Fourth Crusade. The Conquest of Constantinople, Philadelphia 21997.

Jonathan RILEY–SMITH: The Knights of St. John in Jerusalem and Cyprus c. 1050–1310, London 1967.

Jonathan RILEY–SMITH: Crusading as an Act of Love, in: Thomas F. MADDEN (Hrsg.): The Crusades. The Essential Readings, Oxford 2002, S. 31–50 [Antrittsvorlesung am Royal Holloway College, University of London, 10. Mai 1979].

Jonathan RILEY–SMITH: Wozu heilige Kriege? Anlässe und Motive der Kreuzzüge, Berlin 2003.

Steven RUNCIMAN: Geschichte der Kreuzzüge, 3 Bde., München 1957–1960 [Sonderausgabe in einem Band 11968 u. ö.].

Sylvia SCHEIN: Die Kreuzzüge als volkstümlich-messianische Bewegung, in: Deutsches Archiv 47 (1991), S. 119–138.

Kenneth M. SETTON (Hrsg.): A History of the Crusades, 6 Bde., Philadelphia und Madison 1955–1989.

Elizabeth SIBERRY: Criticism of Crusading 1095–1274, Oxford 1985.

Emmanuel SIVAN: L'Islam et la Croisade. Idéologie et Propagande dans les Réactions Musulmanes aux Croisades, Paris 1968.

Raymond C. SMAIL: Crusading Warfare (1097–1193) (= Cambridge Studies in Medieval Life and Thought N.S. 3), Cambridge 1956 (ND 1976).

Peter THORAU: Sultan Baibars I. von Ägypten. Ein Beitrag zur Geschichte des Vorderen Orients im 13. Jahrhundert (= Beihefte zum Tübinger Atlas des Vorderen Orients. Reihe B – Geisteswissenschaften, Nr. 63), Wiesbaden 1987 [überarb. engl. Übers.: The Lion of Egypt. Sultan Baybars I and the Near East in the Thirteenth Century, London und New York 1992, 21995].

Peter THORAU: Unterschiede und Gemeinsamkeiten in der Kriegführung zwischen Kreuzfahrern und Muslimen, in: Grenzkultur – Mischkultur?, hrsg. von Roland MARTI (= Veröffentlichungen der Kommission für Saarländische Landesgeschichte und Volksforschung 35), Saarbrücken 2000, S. 167–187.

Christopher TYERMAN: God's War. A New History of the Crusades, Cambridge/Mass. 2006.

德中译名对照表

人 名

德文原文	中文译文
Adhémar von Le Puy	勒皮的阿德玛尔，主教，教皇使节
al-ʿĀḍid	阿迪得，法蒂玛哈里发
al-ʿĀdil I.	阿迪勒一世，埃及苏丹，萨拉丁之兄弟
al-ʿĀdil II.	阿迪勒二世，埃及苏丹
al-Afḍal	阿弗达尔，法蒂玛总理大臣
al-Ašraf	阿什拉夫，萨拉丁之子
al-Ašraf Ḫalīl	阿什拉夫·卡里勒，马穆鲁克苏丹
Albert von Aachen	亚琛的阿尔伯特，编年史学家
Alexios I. Komnenos	阿历克塞一世·科穆宁，拜占庭皇帝
al-Ḥākim	哈基姆，法蒂玛哈里发

ʿAlī	阿里，穆罕默德的堂弟及女婿，第四任哈里发
al-Kāmil	卡米尔，埃及苏丹
al-Mūaẓẓam	穆阿扎姆，萨拉丁之子
al-Mustanṣir	慕斯坦绥尔，法蒂玛哈里发
al-Mūtaṣim	穆阿台绥姆，阿拔斯哈里发
Alp Arslān	阿尔普·阿尔斯兰，塞尔柱苏丹
al-Qāʿim	卡伊姆，阿拔斯哈里发
Amalrich	阿马尔里克，耶路撒冷国王
Andreas II.	安德烈二世，匈牙利国王
Anna Komnena	安娜·科穆宁娜，拜占庭公主、编年史学家
an-Nāṣir Dāūūd	纳昔尔·达伍兹，卡拉克的埃米尔
an-Nāṣir Yūsuf	纳希尔·优素福，大马士革的苏丹
aṣ-Ṣāliḥ Ayyūb	萨利赫·阿尤布，埃及苏丹
aṣ-Ṣāliḥ Ismāʿīl	萨利赫·伊斯迈尔，大马士革的埃米尔
as-Sulamī	苏拉米，穆斯林学者
Augustinus	奥古斯丁，天主教教父
Ayyūb	阿尤布，萨拉丁之父
Bahāʾ ad-Dīn	巴哈·丁，编年史学家
Balderich von Dol	多尔的巴尔德李希，主教、编年史学家
Balduin I., [von Boulogne]	（布洛涅的）鲍德温一世，耶路撒冷国王、埃德萨伯爵
Balduin I., [von Flandern]	（弗兰德的）鲍德温一世，君士坦丁堡的拉丁皇帝
Balduin II., [von Bourcq]	（布尔克的）鲍德温二世，耶路撒冷国王、埃德萨伯爵

Balduin III.	鲍德温三世，耶路撒冷国王
Basileios II.	巴西尔二世，拜占庭皇帝
Baybars	拜巴尔，马穆鲁克苏丹
Berkyārūq	巴尔基雅鲁克，塞尔柱苏丹
Bernhard	伯纳德，克莱沃修道院院长
Bertrand	贝特朗，的黎波里伯爵
Bohemund [von Tarent]	（塔兰托的）博希蒙德，安条克侯爵
Clemens III.	克雷芒三世，伪教皇（1084—1100年在位）
Daimbert von Pisa	比萨的戴姆伯特，耶路撒冷的宗主教
Duqāq	杜卡克，大马士革的埃米尔
Egeria	埃吉丽亚，西班牙的女朝圣者
Ekkehard von Aura	奥拉的埃克哈特，编年史学家
Emicho von Leiningen	莱宁根的埃米科
Eudokia	欧都奇亚，拜占庭帝国皇后
Eugen III.	恩仁三世，教皇
Faḫr al-Mulk	法赫尔·穆尔克，巴努·阿玛尔的埃米尔
Fatima	法蒂玛，穆罕默德的女儿
Flavius Josephus	约瑟夫·弗拉维
Friedrich I. Barbarossa	红胡子腓特烈一世，德意志神圣罗马帝国皇帝
Friedrich II.	腓特烈二世，德意志神圣罗马帝国皇帝
Fulcher von Chartres	沙特尔的富尔彻，编年史学家
Fulk	富尔克，耶路撒冷国王
Ğawlī Ṣaqāwuhs	扎乌里·萨卡乌
Gottfried von Bouillon	布永的戈弗雷，圣墓守护者

Gregor VII.	额我略七世，教皇
Gregor VIII.	额我略八世，教皇
Guibert von Nogent	诺让的吉贝尔，编年史学家
Guido von Lusignan	吕西尼昂的古多，耶路撒冷国王
Guynemer von Boulogne	布洛涅的基内迈尔，海盗
Harūn ar-Rašīd	哈伦·拉什德，阿巴斯哈里发
Heinrich III.	亨利三世，英国国王
Heinrich IV.	亨利四世，德意志神圣罗马帝国皇帝
Helena	海伦娜，古罗马帝国皇后
Herakleios	希拉克略，拜占庭皇帝
Hugo	雨果，韦尔芒杜瓦的伯爵
Hugo von Payens	帕英的雨果，圣殿骑士团的创立者
Ibn al-Atīr	伊本·阿提尔，阿拉伯历史学家
Ibn al-Ḥayyāt	伊本·哈雅特，穆斯林学者
Ibn al-Qalānisī	伊本·卡兰尼西，编年史学家
Iftiḫār ad-Daula	依夫提卡尔·阿道拉，耶路撒冷总督
ʿImād ad-Dīn al-Iṣfahānī	伊马德·丁·伊斯法罕尼，萨拉丁的秘书、编年史学家
Innozenz III.	依诺森三世，教皇
Isaak II. Angelos	伊萨克二世·安格洛斯，拜占庭皇帝
Isabella II. von Brienne	布里安的伊莎贝拉二世，耶路撒冷女王
Johannes Tzimiskes	约翰·齐米斯西斯，拜占庭皇帝
Johannes VIII.	若望八世，教皇

Justinian	查士丁尼，东罗马皇帝
Kaikāʾūs	凯卡乌斯，鲁姆塞尔柱苏丹
Karbuġā	卡尔布扎，摩苏尔的藩王
Karl der Große	查理大帝，法兰克皇帝
Karl Martell	查理·马特，法兰克王国宫相
Kılıç Arslān I.	基利杰·阿尔斯兰一世，塞尔柱苏丹
Kitbuġā	怯的不花，蒙古军队统帅
Koloman	卡尔曼，匈牙利国王
Konrad III.	康拉德三世，德意志-罗马人民的国王
Konstantin I. der Große	君士坦丁大帝，古罗马皇帝
Konstantin VII. Porphyrogennetos	皇帝君士坦丁七世·波菲罗格尼图斯（生于紫室者），拜占庭帝国皇帝
Leo IV.	良四世，教皇
Leopold VI.	利奥波德六世，奥地利大公
Ludwig IX.	路易九世，"圣人"，法国国王
Ludwig VII.	路易七世，法国国王
Malikšāh	马立克沙，塞尔柱苏丹
Mohammed	穆罕默德，先知
Muʿāwiya	穆阿维叶，倭马亚哈里发
Muḥammad Ṭapar	穆罕默德·塔帕尔，马立克沙之子
Nikephoros II. Phokas	尼基弗鲁斯二世·福卡斯，拜占庭皇帝
Niẓām al-Mulk	尼扎姆·穆尔克，塞尔柱王朝总理大臣
Nūr ad-Dīn	努尔丁，赞吉之子
Peter von Amiens	亚眠的彼得，绰号隐修士彼得

Philaretos	费拉雷托斯，拜占庭一方的安条克总督
Philipp I.	腓力一世，法国国王
Philipp II. August	腓力二世·奥古斯都，法国国王
Qalāwūn	嘉拉温，马穆鲁克苏丹
Quṭuz	忽秃斯，马穆鲁克军官及苏丹
Radulf von Caen	卡昂的拉杜尔夫，编年史学家
Raimund	雷蒙德，安条克侯爵
Raimund	雷蒙德，图卢兹伯爵
Raimund von Aguilers	阿基勒斯的雷蒙德，编年史学家
Reinald von Châtillon	沙蒂隆的雷诺，卡拉克领主
Richard	理查德，康沃尔的伯爵
Richard Filangieri	理查德·费兰基耶里
Richard I. Löwenherz	狮心王理查一世，英国国王
Riḍwān	利得宛，阿勒颇的埃米尔
Robert	罗伯特，耶路撒冷的宗主教
Robert	罗伯特，弗兰德的伯爵
Robert Guiskard	罗伯特·吉斯卡德，大公
Robert I.	罗伯特一世，诺曼底大公
Robert II.	罗伯特二世，诺曼底大公
Roman von Le Puy	勒皮的罗曼，蒙特利尔堡的领主
Romanos IV. Diogenes	罗曼努斯四世·第欧根尼，拜占庭帝国皇帝
Šāar ad-Durr	沙扎莱·杜尔，埃及女苏丹
Saladin [Ṣalāḥ ad-Dīn Yūsuf ibn Ayyūb]	萨拉丁（萨拉丁·优素福·伊本·阿尤布），苏丹
Šāwar	沙瓦尔，法蒂玛王朝总理大臣
Selçük	塞尔丘克，乌古斯部落头领

Šīrkūh	谢尔库赫，努尔丁麾下的库尔德军官
Stephan	斯蒂芬，布卢瓦的伯爵
Tankred	坦克雷德，塔兰托的博希蒙德的侄子
Ṭāriq ibn Ziyād	塔里克·伊本·齐亚德，阿拉伯军事统帅
Tatikios	塔第吉欧斯，拜占庭将军
Theobald	特奥博尔德，香槟伯爵及纳瓦拉国王
Thoros	索罗斯，埃德萨侯爵
Toğrul Beg Mohammad	图赫里勒·贝格·穆罕默德，塞尔丘克之侄
Ṭuġtagīn	图格塔金，大马士革的藩王
Tūrānšāh	突兰沙，萨利赫·阿尤布之子、埃及苏丹
Tutuš	突图什，大马士革的塞尔柱埃米尔
Urban II.	乌尔班二世，教皇
Urban III.	乌尔班三世，教皇
Usāma ibn Munqiḏ	乌萨马·伊本·穆恩齐德，晒萨尔的埃米尔、阿拉伯语的回忆录作者
ʿUṭmān	奥斯曼，第三任哈里发
Walter ohne Habe	没有财产的瓦尔特，平民十字军中的一个头目
Wilhelm II.	威廉二世，西西里国王
Yaġī Siyān	亚基·思彦，安条克的埃米尔
Zangī	赞吉（伊马德丁·赞吉）

地　名

德文原文	中文译文
Ager Sanguinis	喋血地之战
Ägypten	埃及
Aigues-Mortes	艾格莫尔特
ʿAin Ğālūt	阿音扎鲁特
Akaba [Aila,Elyn]	亚喀巴（艾拉、艾林）
Akkon	阿卡
al-Bāra	巴拉
Aleppo	阿勒颇
Alexandretta [İskenderun]	亚历山大勒塔（伊斯肯德伦）
Alexandria	亚历山大港
al-Karak	卡拉克，要塞
al-Manṣūra	曼苏拉
al-Marqab	马尔喀特，圣约翰骑士团的要塞
Amanos-Pforte	阿玛诺斯隘口，通往前托鲁斯山脉的关隘公路
Änādain	埃知那戴因
Anatolien	安纳托利亚（小亚细亚）
Antiochia [Antakya]	安条克（安塔基亚）
Antitaurus	前托鲁斯山脉
Aralsee	咸海
Armenien	亚美尼亚
ar-Ramla	拉姆拉

Arsūf	阿尔苏夫
Aserbaidschan	阿塞拜疆
Askalon	亚实基伦
Askanischer See [Iznik Gölü]	阿斯卡尼湖（伊兹尼克湖）
aš-Šaubak [= Le Krak de Montreal]	绍巴克，要塞（蒙特利尔堡）
Bagdad	巴格达
Bari	巴里
Beaufort	波弗特，要塞
Beirut	贝鲁特
Belgrad	贝尔格莱德
Bethlehem	伯利恒
Bosporus	博斯普鲁斯海峡
Byzanz	拜占庭
Cäsaräa	凯撒莱亚
Chastel Pélerin	朝圣堡，圣殿骑士团的要塞
Civetot [byzantin. Kibotos]	齐维托特（基波图斯）
Clermont	克勒芒
Córdoba	科尔多瓦
Dalmatien	达尔马提亚
Damaskus	大马士革
Damiette	达米埃塔
Dorylaion	多利来昂
Dyrrhachion [Durrës]	杜拉修（都拉斯）
Edessa [Urfa]	埃德萨（乌尔法）
England	英国
Eskişehir	埃斯基谢希尔

Euphrat	幼发拉底河
Frankreich	法国
Galiläa	加利利
Gaza	加沙
Ǧazīra	贾兹拉
Genua	热那亚
Georgien	格鲁吉亚
Germanikeia [Maraş]	日耳曼尼科亚（马拉什）
Gibraltar [Ǧabal Ṭāriq]	直布罗陀海峡
Golgotha	骷髅地
Haifa	海法
Hamadan	哈马丹
Ḥamāh	哈马
Ḥarrān	哈兰
Ḥaṭṭīn	哈丁
Hebron	希伯伦
HeiligesLand	圣地
Herakleia [Ereğli]	赫剌克雷亚（埃雷利）
Ḥiǧāz	汉志
Ḥimṣ	霍姆斯
Ḫorāsān	大呼罗珊
Iberische Halbinsel	伊比利亚半岛
Irak	伊拉克
Iran	伊朗
Isfahan	伊斯法罕
Italien	意大利
Jaffa	雅法

Jerusalem	耶路撒冷
Jordan	约旦（河）
Jordanien	约旦（国家）
Kairo	开罗
Kaisareia [Kayseri]	凯撒利亚（开塞利）
Kappadokien	卡帕多细亚
Kaspisches Meer	里海
Kilikien	奇里乞亚
Kilikische Pforte	奇里乞亚隘口，通往托鲁斯山脉的关隘公路
Kleinarmenien	小亚美尼亚王国
Kleinasien	小亚细亚
Konstantinopel	君士坦丁堡
Konya	科尼亚
Krak des Chevaliers	骑士堡，要塞
Latakia	拉塔基亚
Lothringen	洛林
Lydda	卢德
Maʿarrat an-Nuʿmān	迈阿赖努阿曼
Mamistra [Misis]	玛米斯特拉（密西斯）
Manzikert [Malazgirt]	曼济科特（马拉兹吉尔特）
Marmarameer	马尔马拉海
Medina	麦地那
Mekka	麦加
Melitene [Malatya]	梅利特内（马拉蒂亚）
Mesopotamien	美索不达米亚
Montreal, Festung [= aš-Šaubak]	蒙特利尔，要塞（绍巴克）

173

Mosul	摩苏尔
Nazareth	拿撒勒
Negev	内盖夫沙漠
Niederlothringen	下洛林
Nikaia [İznik]	尼西亚（伊兹尼克）
Nikomedeia [İzmit]	尼科美底亚（伊兹米特）
Nil	尼罗河
Nisibis [Nusaybin]	尼西比斯（努赛宾）
Normandie	诺曼底
Ölberg	橄榄山
Orient	东方
Orontes	奥龙特斯河
Outremer	十字军国家
Palästina	巴勒斯坦
Petra	佩特拉
Piacenza	皮亚琴察
Pisa	比萨
Prag	布拉格
Qādisīya	卡迪西亚
Rafanīya	拉法尼亚
Ravendel [ar-Rāwandān]	拉文戴尔（拉丸丹）
Regensburg	雷根斯堡
Rhône	罗纳河
Rom	罗马
Romania	罗马尼亚
Rotes Meer	红海
Safad	采法特

Saffūriyya	萨弗利亚
Šaizar	晒萨尔
Saleph [Kalykadnos, Gŏksu]	萨勒弗河（古称卡里卡德诺斯河，今称格克苏河）
Samaria	撒玛利亚
Santiago de Compostela	圣地亚哥德孔波斯特拉
See Genezareth	加利利海
Seleukeia [Silifke]	塞琉西亚（锡利夫凯）
Semlin	塞姆林
Sidon	西顿
Sizilien	西西里
Spanien	西班牙
Syrien	叙利亚
Takrīt	塔克里特
Tarsus	大数
Taurus	托鲁斯山脉
Terre Oultre Le Jourdain	约旦河东岸
Tiberias	提比里亚
Tigris	底格里斯河
Toron	托伦
Tortosa, Stadt und Templerfestung	托尔托萨，圣殿骑士的要塞城市
Totes Meer	死海
Tours und Poitiers (Schlacht)	图尔和普瓦捷战役
Transoxanien	河中地区
Trier	特里尔
Tripolis	的黎波里

Troyes	特鲁瓦
Turbessel Tall Bāšir	塔尔巴希尔（图尔贝瑟尔）
Tyrus	泰尔
Ungarn	匈牙利
Van-See	凡湖
Venedig	威尼斯
Wādī Mūsā	摩西谷
Wādī ʿAraba	阿拉伯谷
Xeres de la Frontera	赫雷斯德拉弗龙特拉
Yarmūq	耶尔穆克
Yenikent	贾肯特
Zara [Zadar]	扎拉（扎达尔）
Zypern	塞浦路斯

图书在版编目（CIP）数据

十字军东征 /［德］彼得·托劳著；张巍译 .
— 上海：上海三联书店，2020.7
（贝克知识丛书）
ISBN 978−7−5426−7036−6

Ⅰ . ①十… Ⅱ . ①彼… ②张… Ⅲ . ①十字军东侵 − 史料
Ⅳ . ① K560.6

中国版本图书馆 CIP 数据核字（2020）第 067143 号

十字军东征

著　　者	/	［德］彼得·托劳
译　　者	/	张　巍
责任编辑	/	程　力
特约编辑	/	苑浩泰
装帧设计	/	鹏飞艺术
监　　制	/	姚　军
出版发行	/	上海三联书店
		（200030）中国上海市漕溪北路 331 号 A 座 6 楼
印　　刷	/	北京天恒嘉业印刷有限公司
版　　次	/	2020 年 7 月第 1 版
印　　次	/	2020 年 7 月第 1 次印刷
开　　本	/	787×1092　1/32
字　　数	/	78 千字
印　　张	/	6

ISBN 978−7−5426−7036−6/K·581

定　价：32.80元